Ulrike Schwarz

Die coolsten Vornamen für

Jungs

Das aktuelle Namenbuch mit den
trendigsten Vornamen

Über 2700 Namen
und eine Vielzahl von Namensvarianten

Impressum

© 5. Aufl. 2021 Ulrike Schwarz

Herstellung und Verlag: BoD – Books on Demand,
Norderstedt.

ISBN: 978-3-75284-656-0

Aaron hebr. Name unbekannter ägypt. Herkunft
Abel hebr. „Atem"
Abian filipin. „Freund"
Abiel hebr. „Gott ist mein Vater"
Abner hebr. „Mein Vater ist Licht"
Abraham hebr. „Vater von vielen"
Abriel hebr. „Großer Vater"
Absalom hebr. „Mein Vater ist Frieden"
Achaz hebr. „Gott hält"
Achatius entw. Latinisierung von **Achaz**, oder Variante
von griech. *Akakios*, „Der Unschuldige"
Achill dt. Kurzform von **Achilles**
Achilles Name eines Helden in Homers Ilias
Achim Kurzform von Joachim, hebr. „Gott richtet auf"
Adair abgel. vom altenglischen Nachnamen Eadgar
Adalai / Adlai hebr. „Gott ist gerecht"
Adalar / Adelar / Adolar ahd. „edler Krieger,
Verkürzung von Adalher
Adam hebr. „Mensch"
Addison / Addyson „Sohn von Adam", nach einem engl.
Nachnamen
Adel arab. „Der Gerechte"
Aden rätoroman. Form von **Adam**
Adesh ind. „Ordnung im Chaos"
Adian /Adijan bosn., vermutl. arab. Herkunft, „gläubig"

Adin bosn./türk., auch als Variante von **Aidan**

Aditya „Sonne"; ein anderer Name für den ind. Sonnengott Surya bzw. **Suraj**

Adnan arab. „Siedler"

Adonai hebr. „Mein Herr"

Adonis hebr. „Herr", Name eines schönen Jünglings aus der griech. Mythologie

Adriaan niederl. Form von **Adrian**

Adrian „von der Adria"; vom lat. Beinamen *Hadrianus*, „aus Hadria"

Adriano ital. Form von **Adrian**

Adriel hebr. „Gott ist meine Hilfe"

Aelian eng. Variante von **Aelius**

Aelius Kurzform des lat. Beinamens *Aelianus*, vermutl. abgel. von griech. *helios*, „Sonne"

Aemilian engl. Kurzform des röm. Beinamens Aemilianus; von lat. a*emulus*, „Rivale"

Aemilius röm. Familienname, von lat. a*emulus*, „Rivale"

Aeneas von griech. *aine*, „Lobpreis"; Aeneas ist der Sohn Aphrodites in der griech, Mythologie.

Agin germ. „Schwertschneide"; Kurzform von german. Namen, die mit Agin- beginnen

Agrippa vermutl. griech. Herkunft, von griech. *agrios* „wild" und *hippos* „Pferd"

Ahab hebr. „Onkel"

Aidan / Aiden / Ayden / Aydan / Aden engl. Formen des gäl. Namens *Áedán*, „kleines Feuer"

Aidar / Aydar kasach. „stark, mächtig"

Aidas lett. „Echo"

Aidin / Aydin pers./türk. „erleuchtet"

Aiko fries. Kurzform von Namen, die mit Agil- beginnen

Ailín gäl. Variante von **Alan**

Aílton brasil. Vorname, möglicherw. eine Variante von **Elton**

Aimar bask. Name, Verkürzung von germ. *Haimhard*, „starke Heimat"

Aimo finn. „großartig"

Ainsley / Ainslee „einsame Lichtung", nach einem engl. Familiennamen

Aitor bask. „guter Vater"

Aiven / Aivin „glücklicher Sieger", norweg./estn. Varianten von **Eivin/Eiven**

Ajani nigerian. „Er kämpft für sein Eigentum"

Ajax griech./lat.; Name zweier Helden aus der griech. Mythologie

Ajay ind. „unbesiegt"

Akash ind. „Himmel"

Akira jap. „leuchtend"

Akron griech. „höchster Punkt"

Akuma jap. „Teufel, Dämon"

Alabaster engl., nach einer weißen Steinart, die für Bildhauerei verwendet wird

Aladin / Aladdin Name einer Figur aus der Geschichtensammlung Tausendundeiner Nacht

Aldin bosn. Form von Aladin, arab. „die Erhabenheit des Glaubens"

Alain frz. Form von **Alan**

Alan / Allan / Allen / Allyn Name unsicherer Herkunft, vermutl. von bretonisch „kleiner Fels" oder „gutaussehend"

Alard / Allard altd./fries. Kurzformen von Adalhard, von germ. *adal*, „edel" und *hard* „tapfer"

Alaron alban. „Fahne des Lichts"

Alaryn von walis. *Aderyn*, „Vogel"

Alasdair / Alastair schott. Formen von **Alexander**

Alastor griech. „der Rächer"

Alban Kurzform des röm. Beinamens *Albanus*, „von Alba"; Alba wiederum kommt von lat. *albus*, „der Weiße"

Albany engl. Variante von **Alban**

Albert Kurzform des Namens Adalbert, von germ. *adal* „edel" und *beraht* „leuchtend"

Albin Kurzform des röm. Beinamens *Albinus*, von lat. *albus*, „der Weiße"

Albinas litauische Variante von **Albin**

Albion alter Name für England, von lat. *albus*, „weiß"

Albus lat. „der Weiße"

Alcott nach einem engl. Familiennamen

Alden / Aldyn „alter Freund", Kurzform des altengl. Nachnamens Ealdwine

Aldis lett. Form von **Aldo**

Aldo germ. Kurzform von Namen, die mit Ald- oder Adal- beginnen

Aldon / Alton nach einem engl. Familiennamen

Aldous / Aldus Verkleinerungsformen von Namen, die mit dem altengl. *eald*, „alt", beginnen

Aldrix „weiser Herrscher", Variante des german. Namens *Aldric*

Aleandro ital., moderne Kombination aus **Alessandro** und **Leandro**

Alec engl. Kurzform von **Alexander**

Aleister / Alister schott. Formen von **Alexander**

Alejandro span. Form von **Alexander**

Alen kroat. / slowen. Form von **Alan**

Aleph Der 1. Buchstabe des hebr. Alphabets

Alessandro ital. Form von **Alexander**

Alessio ital. Form von **Alexis**

Alesso ital. Variante von **Alessio**

Alex Kurzform von **Alexander**

Alexander „Beschützer", latinisiert vom griech. *Alexandros*

Alexej / Alexei slaw. Formen von **Alexis**

Alexian engl. Variation von **Alexis**

Alexis griech. „Beschützer"

Alf Kurzform von Namen, die mit Alf- beginnen

Alfred ahd. „Elfenratgeber"

Alian / Alvan bibl. Name unbekannter Herkunft

Alin rum. „beruhigen"

Aljoscha russ. Kurzform von Alexei und Alexander

Almin bosn. / arab. „der Vertrauenswürdige"; Kurzform von Alamin

Alois dt. / tschech. „ruhmreiche Schlacht"

Alston nach einem engl. Familiennamen

Altair arab. „der Fliegende"; Name eines Sterns in der Konstellation Aquila

Alwin / Alvin Verkleinerungsformen von Adalwin, ahd. „edler Freund"

Alvar schwed./estn., von altnord. *Alfarr*, „Elfenkrieger"

Alvaro span./ital. Variante von **Alvar**

Alvi finn. Variante von Albin

Alvis / Alwis altnord. „allweise"

Alyan arab. „der Größte"

Amadeo / Amedeo ital. Formen von **Amadeus**

Amadeus lat. „Liebe Gott"

Amadis alte span. Form von **Amadeus**

Amail arab. „Kette"

Amal arab. Hoffnung; hebr, „Arbeit"

Amanddt./frz. Form von **Amandus**

Amando ital./span./port. Form von **Amandus**

Amandus „der Liebenswerte", von lat. *amandus*, „liebenswert"

Amar arab. „gläubig", ind. „unsterblich"

Amari yoruba „Stärke"

Amarin von lat. *marinus* „aus dem Meer"

Amaro span., von lat. *amarus*, „bitter"

Amaru Name einer Figur aus der jap. Animeserie Naruto

Amasa hebr. „Last"

Amatus lat. „der Geliebte"

Ambar hebr. „freies Volk"

Ambriel hebr. „Kraft Gottes"

Ambrosius latinisierte Form des griech. Namens Ambrosios, „der Unsterbliche"

Amédée frz. Form von Amadeus

Amelios „der Sorglose", von griech. *ameles*, „sorglos"

Amerigo mittelalterliche ital. Form von **Emmerich**

Amery engl. Variante von **Emmerich**

Ameya ind. „der Reine, Unschuldige"

Ami hebr. „vertrauenswürdig"

Amiano span./port. Form von **Ammianus**

Amias engl. Variante von **Amis**
Amicus lat. „Freund"
Amida jap. Totengott
Amidan hebr. „Mein Volk ist gerecht"
Amin arab. „wahrhaftig"
Amine maghreb. Form von **Amin**
Amir arab. „Prinz"; hebr. „Baumwipfel"
Amiron hebr. „Mein Volk singt"
Amis engl. Variante von **Amicus**
Amitai hebr. „meine Wahrheit"
Ammian nach dem spätröm. Beinamen *Ammianus*
byzantinischer Herkunft, Bedeutung unklar
Ammar arab. „der Fromme"
Amon / Amun von griech. *ammon*, „das Verborgene"
Amor lat. „Liebe"; Name des röm. Liebesgottes
Amos hebr. „getragen"
Anakin Name einer Figur der Star-Wars-Saga, dem
Nachnamen Annakin entlehnt
Anan hebr. „Wolke"
Anani hebr. „meine Wolke"
Ananias hebr. / griech. „Gott ist groß"
Anand ind. „Glück, Segen"
Anastasius griech. „Auferstehung"
Anatol poln., vom griech. Anatolios, *anatole*
„Sonnenaufgang"
Anatole frz. Form von Anatolius
Anaxander latinisiert von *Anaxandros*, „Meister,
Anführer"
Andam pers. „Auf ewig"
Anders skand. Form von **Andreas**
Andre / André frz. Formen von **Andreas**
Andreas griech. „männlich"
Andres estn. Form von **Andreas**
Andrew engl. Form von **Andreas**
Andrian bulg. Form von **Andreas**
Andrin / Andri rätoroman. Formen von **Heinrich**
Andris lett. Form von **Andreas**

Andy engl. Kurzform von **Andreas**
Angel engl./span. von lat. *angelus*, „Engel"
Angelin rätoroman. „Leuchtturm"
Angelo ital. Form von **Angelus**
Angelus lat. „Engel"
Angus gäl. „eine Stärke", Names des irischen Gottes der Jugend und Liebe
Anian / Anjan nach einem gälischen Missionar namens Anianus
Anias Variante von **Anian**
Anik ind. „der Prächtige"
Aniol poln. „Engel"
Anis arab. „Freund"
Anish ind. „der Beste, Oberste"
Anko Name eines jap. Königs
Annaeus röm. Beiname mit etruskischem Hintergrund, Bedeutung unklar
Annas Kurzform von **Ananias**
Anraí irische Form von **Henry**
Anselm germ. „Gottes Schutz"
Ansgar germ. „Speer Gottes"
Ante / Antun kroat. Formen von **Anton**
Anthony / Antony engl. Formen von **Antonius**
Antoine frz. Form von **Antonius**
Anton Kurzform von **Antonius**
Antoni poln. Form von **Antonius**
Antonin frz. Verkleinerungsform von **Antonius**
Antonio ital./span./port. Form von **Antonius**
Antonius röm. Familienname etruskischer Herkunft, Bedeutung unklar
Anwar arab. „erleuchtet"
Anxo galiz. Form von Angelus, „Engel"
Apollo griech. Gott des Lichts, der Heilung und der Weisheit
Apollonius Erweiterung des Namens **Apollo**
Aquila lat. „Adler"
Aragon Variante von **Aragorn**

Aragorn Name einer Romanfigur in Tolkiens „Der Herr der Ringe"

Aramis Name einer Romanfigur in Dumas' „Die drei Musketiere"

Aran hebr. „wilde Ziege"

Aras lit. „Adler"

Arash ind. „wahrhaftig, erleuchtet"

Arashi jap. „Sturm"

Arbnor alban., nach dem Namen eines illyr. Stammes

Arbo Kurzform des got. Namens Arbogast, arbo „Erbe" und gast „Gast"

Archer „Bogenschütze"; nach einem engl. Familiennamen

Ardan kurd. „Der Feuergeborene"

Arden nach einem engl. Familiennamen kelt. Herkunft

Ardian alban., nach dem Namen eines illyr. Stammes

Ardin niederl. „Kraft des Adlers"

Arend / Arendt niederl./dt. Varianten von **Arnold**

Ares röm. Gott des Krieges

Argon Name einer Romanfigur in Tolkiens „Der Herr der Ringe"

Argos / Argos von griech. *argos*, „glänzend"

Ari hebr. „Löwe"

Arian / Arjan / Ariaan niederl. Formen von **Adrian**

Aridai pers. Name unbekannter Bedeutung, wird im Alten Testament erwähnt

Ariel hebr. „Löwe Gottes"

Arif arab. „der Gelehrte"

Arik hebr. Verkleinerungsform von **Ariel**

Arion Name eines Sohnes (in Pferdegestalt) von Poseidon und Demeter in der griech. Mythologie

Aris griech. Variante von **Ares**

Aristide frz./ital., von griech. *aristos*, „der Beste"

Ariston griech. „der Beste"

Aristoteles griech. „der beste Zweck"

Arius Name eines bekannten christl. Presbyters aus dem 4. Jh.

Arjen niederl./fries. Variante von **Adrian**

Arjun / Arjuna ind. „weiß, rein"

Arlen / Arlan / Arlin Varianten eines engl. Familiennamens

Arlo engl., Bedeutung unbekannt

Armaan arab. „Wunsch, Verlangen"

Arman pers. „Hoffnung"

Armani nach einem ital. Nachnamen, „Sohn des Armano"

Armas finn. „geliebt"

Armin Kurzform von **Arminius**

Arminius „der Krieger"

Armon rätoroman. Form von **Hermann**

Aron skand./poln./kroat. Form von **Aaron**

Arnar isl. „Adlerkrieger"

Arnd / Arndt dt. Kurzform von **Arnold**

Arne „Adler", altnord./germ. Kurzform von Namen, die mit Arn- beginnen

Árni isa. Form von **Arne**

Arnim germ. „kleiner Adler"

Arno niederl./dt. Kurzform von **Arnold**

Arnold germ. „Kraft des Adlers"

Árpád ung. „Saat"

Arsen / Arseni / Arsenio armen./russ./span., von griech. *arsenios*, „kraftvoll"

Arslan / Aslan türk. „Löwe"

Artair schott. Variante von **Arthur**

Arthur / Artur von kelt. *artos*, „Bär"

Arthus / Artus Variante von **Arthur**

Arun ind. „Morgensonne"

Arunas lit., Erweiterung von *aras*, „Adler"

Arved / Arvid / Arwed / Arwid Kurzform von Arnwidr, von altnord. *arn* „Adler" und *widr*, „Baum"

Arvin indogerm. „Freund des Volkes"

Aryan pers. „edel"

Askan / Ascan griech., Kurzform von Ascanius, „Sohn des Aeneas"

Asgar Variante von **Ansgar**

Ásgeir/Asger isl., von altnord. *áss*, „Gott", und *geirr*, „Speer"

Ash Kurzform von **Ashley**

Aschwin/Ashvin ind. „pferdebesessen", Name von ind. Göttern des Sonnenauf- und -untergangs

Asher hebr. „gesegnet"

Ashley/Ashleigh altengl. „Eschenlichtung", nach einem engl. Familiennamen

Ashton nach einem engl. Familiennamen, altengl. „Eschenstadt"

Asim arab. „Beschützer", ind. „grenzenlos"

Asmir bosn. Name unbek. Bedeutung

Asmus dän./dt. Kurzform von **Erasmus**

Aston Kurzform von Aedelstan, altengl. „edler Stein"

Astor von okz. *astur*, „Falke

Asvin/Aswin ahd. „Freund Gottes"

Athanasius griech. „unsterblich"

Athos Name eines der Giganten in der griech, Mythologie

Atréju/Atreyu Romanfigur in Michael Endes „Die unendliche Geschichte"

Attai hebr. „bereit"

Atticus lat. „aus Attica"

Attila/Atilla got. „kleiner Vater", Name eines legendären Hunnenkönigs

Atze dt. Kurzform von **Arthur**

Aubert frz. Variante von **Albert**

Aubin frz. Form von **Albin**

Aubrey/Aubry normann. Form von Alberich, germ. „Elfenkraft"

August Kurzform von **Augustus**

Augustin dt. Kurzform von **Augustinus**

Augustinus Erweiterung von **Augustus**

Augustus lat. „der Ehrwürdige"

Aulis finn. „hilfsbereit"

Aurel Kurzform von **Aurelius**

Aurelian Kurzform des röm. Beinamens Aurelianus
Aurelius „der Goldene"; von lat. *aureus*, „golden"
Aurelio ital./span. Form von **Aurelius**
Aureus lat. „golden"
Aurian von lat. „golden"
Austen / Austin / Austyn mittelalterl. engl. Kurzformen
von **Augustinus**
Avan kurd. „Wasser"
Avery nach einem engl. Familiennamen normann.
Herkunft
Avi hebr. „Mein Vater"
Avicus Romanfigur aus Anne Rice' Vampirchroniken,
vermutl. an **Avitus** angelehnt
Avidan hebr. „Mein Vater richtet"
Aviel hebr. „Gott ist mein Vater"
Avigdor hebr. „Vater der Grenzen"
Avitus lat. „angestammt"
Axel mittelalterliche dän. Form von **Absalom**
Ayan bengal. „Weg"
Aydan / Ayden engl. Varianten von **Aidan**
Aydin türk. „erleuchtet"
Ayman arab. „gesegnet"
Azrael / Azriel Name eines Totenengels im jüd. und isl.
Glauben
Aziz / Asis arab. „geliebt, geschätzt"

Bada vom angelsächs. *beadu*, „Schlacht"
Bailey nach einem engl. Familiennamen, entspricht dem deutschen „Vogt"
Balbino nach dem röm. Beinamen Balbus, „der Stotterer"
Baldin rätoroman. Name, Bedeutung unklar
Baldo ital./span., von german. *bald*, „mutig"
Balduin germ. „tapferer Freund"
Baldur isl. „Prinz"
Baldus / Baltus fries./niederl. Kurzformen von **Balthasar**
Baldwin engl. Form von **Balduin**
Balin Name eines Ritters in der Artuslegende, Name eines Zwerges in der Edda
Balian nach *Balian von Ibelin*, einem führenden Baron im Königreich Jerusalem, sein Leben wurde 2005 unter dem Titel „Königreich der Himmel" verfilmt
Balthasar hebr./lat. Form des akkad. Namens *Bel-sarra-uzzur*, „Baal (Gott) schützt den König"
Baltran rätorman. Form von *Bertram*, germ. „heller Rabe"
Bam moderne engl. Kurzform von Namen, die mit B beginnen
Baptist „Der Getaufte" von griech. *bapto* „eintauchen"
Bari von altnord. *barr*, grob; Name eines Zwerges in der nord. Myth.
Bariş türk. „Frieden"

Barnabas „Sohn der Ermutigung", griech. Form eines aram. Namens

Barnaby engl. Variante von **Barnabas**

Barney engl. Kurzform von **Barnaby** oder Bernard

Baron / Barron von dem gleichnamigen niedrigen Adelstitel hergeleitet

Barry engl./ir. Kurzform von *Fionnbharr*, „heller Kopf"

Bartholomäus vom griech./aram. *Bartholomaios*, „Sohn des **Talmai**"

Bartholomew engl. Form von **Bartholomäus**

Bartley nach einem engl. Familiennamen

Bartók / Bertók ung. Kurzform von *Bertalan*, der ung. Form von **Bartholomäus**

Bartol kroat. Form von **Bartholomäus**

Barton nach einem engl. Nachnamen

Baruch hebr. „gesegnet"

Basil engl. Name, von griech. basileios, „König"

Bastiaan niederl. Kurzform von **Sebastian**

Bastian Kurzform von **Sebastian**

Batiste / Battista frz./ital. Formen von **Baptist**

Baudouin frz. Form von **Balduin**

Bauwen ahd. Variante von **Balduin**

Baxter nach einem engl. Nachnamen („Bäckerin")

Beat schweiz. Kurzform von **Beatus**

Beatus lat, „gesegnet"

Beau engl. Von frz. *beau*, „schön"

Beda schwed. Von altengl. *bede*, „Gebet"

Bede altengl. „Gebet"

Behar alban. „Sommer"

Behrend / Behrendt fries./dt. Kurzform von **Bernhard**

Bela ung./tschech. „weiß"

Belisar Name eines berühmten röm. Feldherrn

Ben / Benny / Benji engl. Kurzformen von **Benjamin**

Beñat bask. Form von Bernhard

Bence ung. Form von **Vincent**

Bendit jidd. Form von **Benedikt**

Bendix fries./nordd. Form von **Benedikt**

Bene fries. Kurzform von Namen, die mit Bern- beginnen
Benedikt / Benedict verkürzte Form von **Benediktus**
Benediktus / Benedictus lat. „gesegnet"
Bengt schwed. Form von **Benedikt**
Benito span. Form von **Benedikt**
Benjamin hebr. „Sohn der Rechten" bzw. „Sohn des Südens"
Benjo engl. Kombination aus **Ben** und **Joe**
Bennet / Bennett engl./dt. mittelalterl. Form von **Benedikt**
Benno dt. Kurzform von Namen, die mit Bern- beginnen
Benoît frz. Form von **Benjamin**
Benson engl. „Sohn von Ben", nach einem engl. Familiennamen
Bent / Bente fries. Kurzformen von **Bernhard** oder **Benjamin**
Bentley nach einem engl. Familiennamen
Benton nach einem engl. Familiennamen
Beppe / Beppo ital. Kurzform von **Giuseppe**
Berend / Berendt altdt., Kurzform von **Bernhard**
Berengar / Bérenger dt./frz. von germ. „Bärenlanze"
Bernd Kurzform von Bernhard
Bernhard „bärenstark", von ahd. *bero*, „Bär" und *hart*, „stark"
Berni / Bernie engl. Kurzform von Bernard
Berno germ. „Bär"; Kurzform von Namen, die mit Bern-beginnen
Bero kroat. „ruhmreich"
Bert germ. „leuchtend", Kurzform von **Albert**, **Bertolt** und anderen Namen, die die Silbe bert enthalten
Bertolt dt./niederl. Variante von Berthold, germ. *beraht* „leuchtend" und *wald* „regieren"
Bertus niederl. latinisierte Form von **Bert**
Besart alban. „goldenes Versprechen"
Besian alban. „Der Vertrauenswürdige"
Bevan walis. „Sohn von **Evan**"
Bilal arab. „benetzend"

Bilbo Name einer Romanfigur in Tolkiens „Herr der Ringe"

Bill / Billy engl. Kurzform von **William**

Bindo ital., mittelalterlicher Name, Bedeutung unbekannt

Birger skand. „Retter", von altnord. *bjarga* „helfen, erretten"

Birk / Birkir von altnord. *birk,* „Birke"

Bjarne skand. Form von Björn

Björn altnord. „Bär"

Blaine gäl. „gelb"

Blair nach einem schott. Familiennamen, gäl. „Kampfplatz"

Blaise frz. Form des röm. Namens Blasius, von lat. „lispeln"

Blake altengl. „schwarz"

Bo niederl./engl. Kurzform von Namen, die mit Bo- beginnen

Bob / Bobby engl. Kurzformen von **Robert**

Bodhi ind. „erweckt, erleuchtet"

Bodo / Botho Kurzform von Namen, die mit *Bod,* germ. „Anführer, Herrscher", beginnen

Bojan slaw. „Kampf"

Bono kroat., von lat. *bonum,* „gut"

Bora türk. „Wind"

Borchert germ. „tapferer Schutz", Variante von Burkhard

Boreas Gott des Nordwinds in der griech. Mythologie

Borian / Borjan bulg. „Kämpfer"

Boris slaw. „Schneeleopard"

Borja russ. Verkleinerungsform von **Boris**

Bork germ. „Schutz", Kurzform von Burkhard

Borromäus / Borromeo nach einem ital. Familiennamen; Name eines Heiligen

Bosco / Bosko ital. „Wald"; nach einem ital. Familiennamen

Bosse schwed. Kurzform von Namen, die mit Bo- beginnen

Botho / Bodo ahd. „Bote"

Boyce nach einem engl. Familiennamen, von altfrz. *bois*, „Wald"

Brad engl. Kurzform von **Bradley**

Braden / Bradan / Brayden / Braydon / Bradon / Bradin / Braeden nach einem irischen Familiennamen

Bradley nach einem engl. Familiennamen, altengl. „weite Lichtung"

Brady nach einem irischen Familiennamen

Brais galiz. Form von **Blaise**

Bran Figur in der Fernsehserie *Game of Thrones*

Brandon / Brandan / Branden / Brandyn nach einem schott. Familiennamen, altengl. „Ginsterhügel"

Branko serbokroat. Kurzform von Namen, die mit Bran- beginnen

Bram engl. Kurzform von **Abraham**

Brandur isl. Form von *Brandr*, altnord. „Feuer, Schwert"

Braxton nach einem engl. Familiennamen, „Braccas Stadt"

Brayan Variante von **Brian**

Braylon neuere US-amerik. Namenskombination aus **Braden** und **Jalen**

Brendan / Brennan irisch / walis. „Prinz"

Brent nach einem engl. Familiennamen, kelt. „Hügel"

Bret / Brett nach einem engl. Familiennamen, „der Bretone"

Brian / Bryan / Brion keltischer Name, Bedeutung unbekannt

Brice / Bryce frz./engl. von walis. *brychan* „gefleckt"

Brix Kurzform von Brixius, lat. Form von Friedrich, „friedliches Reich"

Brodie / Brody nach einem engl. Familiennamen

Bronco Bezeichnung für ein halbwildes Pferd

Brook engl. „Bach"

Brooklyn nach einem New Yorker Stadtteil

Bruce nach einem schott. Nachnamen norm. Herkunft

Bruno von germ. *brun*, „Waffe" oder „braun"

Brutus lat. „schwer"

Bryson nach einem engl. Nachnamen, „Sohn von **Brice**"

Bud / Buddy engl. „Freund"

Bujar alban. „Der Großzügige"

Buster von engl. *bust*, „kaputtmachen

Butler nach dem engl. Wort für einen Diener

Buzz engl. „summen, brummen"

Byrne nach einem engl. Nachnamen, von gäl. *bran*, „Rabe"

Byron nach einem engl. Nachnamen

C

Cadan / Caden / Caiden / Cadyn / Kaiden nach einem irischen Familiennamen

Cadfael walis., von *cad* „Schlacht" und *mael*, „Prinz"

Cadmus Name einer Gestalt aus der griech. Mythologie

Caecilius / Cecilius röm. Familienname, nach lat. *caecus*, „blind"

Cáel von irisch *caol*, „schlank"

Caelan / Cailan engl. Erweiterung von Cáel

Caesar nach dem röm. Kaiser Julius Caesar

Caesarius spätlat. Erweiterung des Namens Caesar

Caesarion griech. „kleiner Caesar", Spitzname des gemeinsamen Sohnes der Pharaonin Kleopatra und Julius Caesar, Ptolemaios XV.

Caillou frz. „Kieselstein"

Cain hebr. „erworben", hebr. Form von **Kain**

Cainan Variante von **Kenan**

Caius / Cajus Variante von *Gaius*, eines röm. Vornamens

Cajetan von lat. *Caietanus*, „von Caieta"

Cal Kurzform von **Calvin**

Caleb hebr. „von ganzem Herzen treu"

Calisto port. / span. Form von **Callistus**

Calixtus span. / port. Variante von **Callistus**

Callahan nach einem irischen Familiennamen, „Nachfahren von Ceallachán"

Callistus von griech. *kallistos*, „Der Allerschönste"

Callum / Calum schott. Variante des lat. Namens Columba, „Taube"

Calvin nach dem französischen Nachnamen Chauvin, von *chauve*, „kahl"

Camden nach einem engl. Nachnamen

Cameron / Camryn gäl. „krumme Nase", nach einem schott. Nachnamen

Camino span. „der Weg"

Campbell gäl. „krummer Mund", nach einem schott. Nachnamen

Caolán von gäl. *caol*, „schlank"

Carl / Karl germ. „Mann"

Carlisle nach einem engl. Nachnamen

Carlo / Karlo ital. Form von **Carl / Karl**

Carlos span. Form von **Carl / Karl**

Carolus lat. Form von **Carl / Karl**

Caron wal. „lieben"

Carson nach einem schott. Nachnamen

Carsten niederdt. Form von **Christian**

Carter nach einem englischen Nachnamen, „Fahrer"

Caruso nach dem bekannten Opernsänger Enrico Caruso, ital. *caro* „lieb"

Casey // Kacey / Kasey / Kaycee nach einem irischen Familiennamen, oder als Abkürzung der Initialen „K. C."

Caspar / Casper engl. Varianten von **Kaspar**

Caspian Name einer Romanfigur in C. S. Lewis' „Chroniken von Narnia"

Cassian nach einem röm. Familiennamen, von **Cassius** hergeleitet

Cassidy nach einem irischen Familiennamen, bedeutet in etwa „Abkömmling des Krausköpfigen"

Cassiel hebr. „Schnelligkeit Gottes", Name eines Erzengels

Cassius von lat. *cassus*, „vergeblich"

Castiel hebr. „Schild Gottes"

Castor in der griech. Mythologie ein Sohn des Zeus und Zwillingsbruder von Pollux

Cato lat. „weise"

Caulder / Calder nach einem engl. Nachnamen

Cecil Kurzform von **Caecilius**

Cedric / Cedrik Name einer Romanfigur in Sir Walter Scotts „Ivanhoe"

Cees niederl. Kurzform von **Cornelius**

Célestin frz., von lat. *caelestis*, „himmlisch"

Celino span. Kurzform von **Marcelino**

Celio lat. „Himmel"

Cerin gäl. „kleiner Dunkler"

Cesare ital. Form von **Caesar**

Cesario ital. Form von **Caesarius**

Chad von walis. *cad*, „Schlacht"

Chadwick nach einem engl. Nachnamen, „Siedlung von Chad"

Chaim hebr. „Leben"

Chance engl., „Glück"

Chandler nach einem altengl. Nachnamen, „Kerzenverkäufer"

Channing nach einem engl. Nachnamen

Charles engl. Form von **Karl**

Charlie / Charly Kurzformen von **Charles**

Charlton / Carleton / Carlton nach einem altengl. Nachnamen, „Siedlung freier Männer"

Charon hebr. „grelles Licht"

Chas / Chaz engl. Kurzformen von **Charles**

Chase engl. „jagen"

Che nach dem argentinischen Revolutionär Ernesto „Che" Guevara

Chelo span. Koseform von Consuelo, „der Trostspendende"

Cherokee Name eines nordamerik. Indianerstammes

Chester nach einem engl. Nachnamen, von lat. *castrum* „Festung"

Chetan ind. „bewusst"

Cheyenne Name eines nordamerik. Indianerstammes
Chico span. „Kleiner"
Chimo span. Kurzform von **Joaquin**
Chip engl. Kurzform von Christopher
Chris Kurzform von Namen, die mit Chris- beginnen
Christ modern engl. Form von **Christian**
Christian lat. „Christ"
Christoffel niederl. Form von **Christopher**
Christoph / Christophe dt./frz. Formen von
Christopher
Christopher von griech. *Christophoros*, „Christ im Herzen
tragen"
Christos griech. „Der Gesalbte", Beiname von Jesus
Cian gälisch/irisch „altertümlich"
Cianán Variation von **Cian**
Ciarán irisch, Verkleinerungsform von *ciar*, „schwarz"
Cicero röm. Beiname, von lat. *cicer*, „Kichererbse"
Cielo span. „Himmel"
Claas niederl. Variante von Klaas
Clancy nach einem schott. Familiennamen, „Sohn des
roten Kriegers"
Clarence von lat. *clarus*, „strahlend"
Clarentin Kombination aus **Clarence** und **Florentin**
Clark von altengl. *clerec* „Priester"
Claude frz. Form von **Claudius**
Claudian engl. Variante von **Claudius**
Claudio ital. Form von **Claudius**
Claudius nach einem röm. Familiennamen
Claus Variante von **Klaus**
Clay engl. „Lehm", Kurzform von **Clayton**
Clayton nach einem engl. Nachnamen, „Lehmsiedlung"
Clemens lat. „Der Barmherzige, Sanfte"
Clement / Clément engl./frz. Varianten von **Clemens**
Cleon von griech. Kleos, „Ruhm"
Cleophas Name eines Mannes, der in der Bibel erwähnt
wird, der Name ist vermutl. aramäischer Herkunft

Cleve Kurzform von Cleveland, nach einem engl. Nachnamen, von altengl. „hügeliges Land"
Cliff / Clive engl. „Klippe"
Clifford engl. „Klippenweg"
Clint Kurzform von Clinton, nach einem engl. Nachnamen
Clovis alte germ./frz. Form von **Ludwig**
Coby engl. Kurzform von **Jacob**
Cody nach einem gälischen Familiennamen, „Nachfahre des Hilfsbereiten"
Cohen hebr. „Priester"
Colan walis. „Haselnuss"
Cole nach einem engl. Beinamen, „der Kohlschwarze"
Coleman / Colmán engl./irische Formen von *columba*, lat. „Taube"
Colin / Collin irische Form von *columba*, lat. „Taube"
Colton nach einem engl. Nachnamen, „Coles Stadt"
Colum irische Variante von **Colin**
Conan gäl. „kleiner Wolf"
Conner / Connor / Conor engl./irisch; anglisierte Form von gäl. *Conchobhar, „Wolfsfreund"*
Conrad Variante von **Konrad**
Conradin engl./rätoroman. Variante von Konradin
Constantin frz. Variante von **Konstantin**
Conte ital. „Graf"
Conway nach einem walis. Nachnamen, abgel. vom Fluss *Conwy*, walis. „Heiliges Wasser"
Cooper nach einem engl. Nachnamen, „Fassmacher"
Corban Variante von **Corbin**
Corbin nach einem frz. Nachnamen, von *corbeau*, „Rabe"
Corbinian Variante von **Korbinian**
Cord / Cordt dt. Kurzform von **Conrad**
Corentin bret. „Sturm"
Corey / Cory nach einem engl. Nachnamen, vom altnord. Kóri, Bedeutung unbekannt
Corin frz. Form von Quirinus (von lat. *quiris*, „Speer")
Cormac gäl. „Rabensohn"

Cornel rum. Form von **Cornelius**
Cornelian Kurzform des röm. Beinamens Cornelianus, von **Cornelius** abgeleitet
Cornelis niederl. Form von **Cornelius**
Cornelius röm. Familienname, der sich von lat. *cornu*, „Horn" ableitet
Corsin rätoroman. Kurzform von **Corsinus**
Corsinus rätoroman. Name, „der Korse"
Corvin / Korvin Kurzform von **Corvinus**
Corvinus lat. „kleiner Rabe"
Corvus lat. „Rabe"
Cosimo ital. Variante von **Cosmas**
Cosmas / Kosmas von griech. Kosmos, „Ordnung"
Cosmin rum. Form von **Cosmas**
Cosmo engl. Form von **Cosmas**
Costa / Costas griech., Varianten von **Kostas**
Costin rum. Kurzform von **Konstantin**
Craig nach einem schott. Nachnamen, von gäl. *creag*, „Felsen"
Crishan Variante von **Krischan**
Crispin von lat. *crispus*, „der Gelockte"
Cristiano ital./port. Form von **Christian**
Cristóbal span. Form von **Christopher**
Crixus gall. „der Lockenköpfige"; nach *Krixos*, einem der Anführer im Spartacus-Aufstand
Cruz span./port. „Kreuz"
Cullen nach einem engl. Nachnamen
Cuma türk./arab. „Freitag"
Curdin rätoroman. Form von **Konrad**
Curt engl. Variante von **Kurt**, Kurzform von **Curtis**
Curtis „Der Höfliche", von altfrz. *curteis*, „verfeinert"
Cyan „grünlich blau", von griech. *kyanos*
Cyprian röm. Familienname, „von Zypern"
Cyrano vermutl. nach der antiken griech. Stadt Cyrene
Cyriac engl., von griech. *kyriakos*, „des Herrn"
Cyrian von altgriech. *kyrios*, „Herr"
Cyriel niederl. Variante von **Cyril**

Cyril / Cyrill engl., vom griech. Namen Kyrillos, von *kyrios*, „Herr"
Cyrus engl Form von **Kyros**

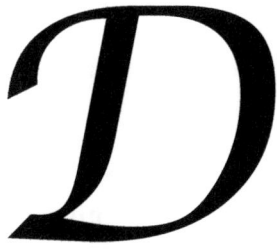

Dabir arab. „Lehrmeister"
Dacian rum., vom Namen der lat. Provinz Dacia, der Region des heutigen Rumänien und Moldawien
Daedalus lat., von griech. *daidallo*, „geschickt arbeiten"
Daffyd walis. Form von **David**
Dag schwed./norweg./dän. altnord. *dagr*, „Tag"
Dagan / Dagon ugaritisch „Getreide"; Name einer semitischen Gottheit der Landwirtschaft
Dagobert germ. „heller Tag"
Dagur isl. Form von **Dag**
Daiki jap. „großer Baum"
Daimon / Daemon engl. Varianten von **Damon**
Dain Romanfigur aus J. R. R. Tolkiens „Der Herr der Ringe"
Dainis lett./lit. „Lied"
Daire engl. von gäl. *dáire* „fruchtbar"
Daisuke jap. „große Hilfe"
Dáithí gäl. Form von **David**
Dakarai südafrik./shona „jubeln"
Dale nach einem engl. Nachnamen, von *dale* „Tal"
Dalibor slaw., zusammengesetzt aus *dali*, „Entfernung" und *borti*, „kämpfen"
Dalius litauisch „Schicksal, Glück"
Dallas nach einem engl. Nachnamen; Name einer Stadt im US-Bundesstaat Texas

Dalton nach einem englischen Nachnamen
Dalvin walis. Variante von **Delwyn**
Damari moderne Kombination aus der Vorsilbe Da- und dem Namen **Amari**
Damiaan niederl. Form von **Damian**
Damian „Der Gezähmte", engl./poln. Form des griech. Namens Damianos
Damien frz. Form von **Damian**
Damion engl. Variante von **Damian**
Damir serbokroat., von slaw. *dan* „gegeben" *miru* „Frieden"
Damokles griech. „ruhmreiches Volk"
Damon engl, von griech. *damazo*, „zähmen"
Damyan bulg. Form von **Damian**
Dan verschiedene Bedeutungen: hebr. „er hat gerichtet"; engl. Kurzform von Daniel; altnord. „Däne"
Dani Kurzform von **Daniel**, in Bosnien häufig als eigenständiger Vorname
Daniel hebr. „Gott ist mein Richter"
Danil / Daniil russ. Form von **Daniel**
Danilo serbokroat. Form von **Daniel**
Danin bosn., Bedeutung unklar
Danis bosn. „der Kluge"
Danko serbokroat. Kurzform von **Gordan**, **Danilo** oder **Daniel**
Danny engl. Kurzform von **Daniel**
Dante ital. Kurzform von Durante, von lat. *durans*, „anhaltend"
Danyal / Danial arab. Form von **Daniel**
Dara pers. „Wohlstand"; gäl. „Eiche"
Darby nach einem engl. Nachnamen, von altnord. „Hirschstadt"
Darcy nach einem engl. Nachnamen, von norm. *d'Arcy*, „aus Arcy"
Darian engl. Variante von **Darren**
Darin / Darrin US-amerik. Varianten von **Darren**
Dario ital. Form von **Darius**

Darion engl. Variante von **Darian**

Daris altpers. „Gelehrter"

Darius röm. Form von griech. *Dareios*, von pers. *Dārayavahush*, „besitzt Gutes"

Darko slaw., Kurzform von Namen, die das Element *daru*, „Gabe" enthalten

Daron / Darron US-amerik. Varianten von **Darren**

Darrell / Darrel / Darryl / Daryl engl. Nachname, von norm. *d'Airelle*, „von Airelle"

Darren engl. Variante von **Darrell**

Darryn US-amerik. Varianten von **Darren**

Darvan rum. Variante von **Darwin**

Darwin / Darvin von altengl. *deorwine* „lieber Freund"

Dashiell nach dem frz. Nachnamen *de Chiel*

Dastan pers. „fähig"

Dave engl. Kurzform von **David**

Davi port. Form von **David**

Davian / Davion US-merik. Erweiterung von **David**

David hebr. „geliebt"

Davin engl. Kombination aus **Devin** und **David**

Davis nach einem engl. Nachnamen

Davit georg. Form von **David**

Davor / Davorin serbokrat., nach den *Davorien*, südslaw. patriot. Gedichte

Davos Figur in der Fernsehserie *Game of Thrones*

Davud / Dawud arab. Formen von **David**

Dawson nach einem engl. Nachnamen, „Sohn von David"

Dayton nach einem engl. Nachnamen

Dax nach einem engl. Familiennamen, vermutl. von der Stadt Dax in Frankreich hergeleitet

Deacon von griech. *diakonos*, „Diener"

Dean nac einem engl. Nachnamen, von mittelengl. „Tal"

Deangelo US-amerik. Kombination aus der Vorsilbe De- und dem Namen **Angelo**

Decimus lat. „Der Zehnte"

Declan engl., von irisch *Deaglán*, die Bedeutung ist unbekannt

Deepak ind. „mitreißend"

Deik fries. „Volk"

Dejan serbokroat., von südslaw. *Dejati,* „tun"

Delano nach einem frz. Nachnamen, *de la Noye,* „aus dem Sumpf"

Delian griech. „der auf Delos Geborene"

Delroy engl. Variante von **Leroy**

Delwyn / Delvin / Delwin walis. „schöner Junge, schöner Freund"

Demeo vermutl. eine Zusammenziehung aus den lat. Worten „de meo"

Demetrius „Mutter Erde", latinisiert von Demeter, der griech. Göttin des Ackerbaus

Demian dt./niederl. Variante von **Damian**

Demir türk. „Eisen"

Demokrit griech., Kurzform von Demokritos, „Richter des Volkes"

Deniz türk. „Meer"

Dennis dt./engl. Form von **Denys**

Denny engl. Kurzform von **Dennis**

Denton nach einem engl. Nachnamen, „Talstadt"

Denver nach einem engl. Familiennamen, „Talträger"

Denys / Denis mittelalt. frz. Form von **Dionysos**

Denzel nach einem engl. Familiennamen, nach dem Ort Denzell in Cornwall

Derek altengl./niederl. Form von Dietrich, „mächtiges Volk"

Dermid / Dermot schott./irische Varianten von **Diarmaid**

Deron engl. Variante von **Darren**

Derrick engl. Variante von Derek

Derry Kurzform von **Dermit / Dermot**

Dersim kurd. „silbernes Tor", Name einer kurd. Provinz in der Türkei

Desiderius lat. „der Ersehnte"

Desmond nach einem irischen Nachnamen, von gäl. *Deasmhumhain, „Südmunster"*

Desta ostafrik./amharisch „Freude"

Destan türk. „Sage"

Devdas ind. „Diener Gottes"

Deveraux / Devereux nach einem engl. Nachnamen, *d'Evreux, „aus Evreux"*

Devin / Deven / Devan / Devon gäl. „Barde"

Devis rumän. „traumhaft"

Devlin nach einem schott. Familiennamen, „Nachfahre des Unglücklichen"

Devran türk. „Wirbeln"

Devrim türk. „Revolution"

Dewey wals. Kurzform von **David**

Dewin schwed. Form von **Devin**

Dexter engl. Nachname, von altengl. „Bleicher" bzw. lat. „begabt"

Dhani ind., nach zwei Noten auf der ind. Musikskala

Dian indones. „Kerze"

Diarmaid / Diarmuid gäl. „neidlos"

Didier frz. Form von Desiderius, von lat. *desiderium*, „Verlangen"

Diego span. Kurzform von **Santiago**

Digby nach einem engl. Nachnamen, bedeutet in etwa „Stadt am Deich"

Dilan span./port. Variante von **Dylan**

Dilshad pers. „fröhlich"

Dima russ. Kurzform von **Dimitri**

Dimas span. Form von **Dismas**

Dimitri russ. Form von **Demetrius**

Dimitrios griech. Form von **Demetrius**

Dinko kroat. Kurzform von **Dominik**

Dino ital./kroat. Kurzform von Namen, die auf -dino oder -tino enden

Dion / Deon engl. Kurzformen von **Dionysos**

Dionys Kurzform von **Dionysos**

Dionysos in der griech. Mythologie der Gott des Weins, der Fruchtbarkeit und des Tanzes

Dirk dt./niederl. Kurzform des germ. Namens Theoderich, „Herrscher des Volks"

Dishan hebr. „Steinbock"

Dismas griech. „Sonnenuntergang"

Divo ital.; von lat. *divus*, „Gott"

Divino ital. „der Göttliche"

Dixon nach einem engl. Nachnamen, „Richards Sohn"

Djamel arab. „der Schöne"

Dogan türk. „erhebend"

Dolph engl./niederl. Kurzform von Namen, die die Silbe *dolph* enthalten

Domhnall / Donál / Donnell gäl. „Herrscher der Welt"

Dominik / Dominic / Domenic / Domenik / Dominick von lat. *dominicus*, „des Herrn"

Dominique frz. Form von **Dominik**

Don engl. Kurzform von Namen, die mit Don- beginnen

Donagh irische Variante von *Duncan*

Donald engl. Form von **Domhnall**

Donar german., entlehnt vom german. Donnergott **Thor**

Donatus lat „gegeben"

Donnie / Donny engl. Kurzformen von Namen, die mit Don- beginnen

Donovan nach einem irischen Familiennamen, „Nachfahren des Dunkelbraunen"

Doolin nach einer gleichnamigen irischen Stadt

Doran nach einem irischen Familiennamen, „Nachfahren des Wanderers"

Dorian Name der titelgebenden Romanfigur in Oscar Wildes „Das Bildnis des Dorian Gray"

Dorin rum. Variante von **Theodor**

Doron hebr., von griech. *doron*, „Geschenk"

Dorus niederl. Variante von **Theodor** bzw. Theodorus

Dostan ind. „Freundschaft"

Dotan hebr. „Gesetz"

Doug engl./schott. Kurzform von **Douglas**

Dougal engl., von gäl. *Dubhghall*, „dunkler Fremder"
Douglas / Douglass nach einem schott. Fluss- und Familiennamen, „dunkles Wasser"
Doyle nach einem irischen Familiennamen, „Nachfahren von **Dougal**"
Draco anglisiert von griech. *drakon*, „Drache"
Dragan serbokroat./bulg./slowen., von slaw. *dragu*, „kostbar"
Drago slaw. Kurzform von Namen, die mit Drag- beginnen
Drake engl., von altnord. *draki*, „Drache"
Draven nach einem Nachnamen aus dem Film „The Crow"
Dries / Drees niederl./limb. Kurzformen von Andries bzw. Andrees, Bedeutung siehe **Andreas**
Drew engl. Kurzform von **Andrew**
Drilon alban., lat. Name des Flusses Drin, der durch Albanien, Mazedonien und Kosovo fließt
Driton alban. „Licht"
Dschingis / Chingis / Cengiz dt./mongol./türk., nach dem mongol. Titel *Genghis Khan*, „allumfassender Herrscher"
Duane nach einem irischen Familiennamen, „Nachfahren des Dunklen"
Duarte port. Form von **Edward**
Dudley nach einem engl. Nachnamen, „Duddas Lichtung"
Duff schott. „dunkel"
Duke „Herzog", engl. Adelstitel, von lat. *dux* „Herrscher" abgeleitet
Dujam / Duje kroat. von lat. *dominus*, „Herr"
Duma russ. „Gedanke"
Dumeni rätoroman. Form von **Dominik**
Duncan anglis. Form des gäl. Namens *Donnchadh*, „brauner Krieger"
Dupont nach einem frz. Nachnamen, „von der Brücke"
Duran katalan. „standhaft"

Durai tamil. „Anführer"

Dusan / Dushan serbokroat. / tschechoslowak., von slaw.
Dusha „Seele"

Dustin nach einem engl. Nachnamen, von altnord.
Thorsteinn, „Thors Stein"

Dusty Kurzform von **Dustin**

Dwayne engl. Variante von **Duane**

Dwight nach einem engl. Nachnamen

Dylan / Dylon / Dillon / Dillan walis. „Große Flut"

Eamon irische Form von **Edmund**
Earl engl. „Herzog", von altengl. *eorl*, „Edelmann, Krieger"
Easton nach einem engl. Nachnamen, „Oststadt"
Echnaton Name eines altägypt. Pharao
Eddie / Eddy engl. Kurzform von Namen, die mit Ed- beginnen
Eden hebr. „Ort der Freude"
Edon alban. „er liebt"
Edgar engl./frz., von altengl. *ead*, „Wohlstand" und *gar*, „Speer"
Edison nach einem engl. Nachnamen, „Sohn des Eda" oder „Sohn des Adam"
Edmund altengl. „Beschützer des Wohlstands", von altengl. *ead*, „Wohlstand" und *mund*, „Schutz"
Edon alban. „er liebt"
Eduarddt. Form von Edward
Edvin skand./ung. Form von **Edwin**
Edwin altengl. „reicher Freund"
Edward altengl. „Wächter des Wohlstands", von altengl. *ead*, „Wohlstand" und *weard*, „Wächter"
Eeli finn. Form von **Eli**
Eelis finn. Form von **Elias**
Eemeli finn. Variante von **Eemil**
Eeemil / Eemi finn. Variante von **Emil**

Efrén span. Variante von **Ephraim**

Egan nach einem irischen Familiennamen

Egmont / Egmund germ./ahd. „Beschützer vor dem Schrecken"

Egon germ. „Schwertschneide"

Ehlert Kurzform von Adelhard, von germ. *agil,* „Schwertschneide" und *hart,* „mutig"

Eike Kurzform von germ. Namen, die mit Ag- beginnen

Einar skand., von altnord. „einsamer Krieger"

Eino finn., vermutl. eine Kurzform von germ. *Aginwald,* „der mit dem Schwert Herrschende"

Eirik norweg. Form von **Erik**

Eivin/Eiven norweg./estn., von altnord. *ey* und *vindr* „glücklicher Sieger"

Eldar pers./bosn „Herrscher"

Eldarion Name einer Romanfigur in J. R. R. Tolkiens „Der Herr der Ringe"

Eldin bosn., Variante von **Aldin**

Eldon nach einem engl. Nachnamen, „Ellas Hügel"

Eldor hebr. „Gottes Generation"

Elean / Eleano ital. Varianten von **Elian**

Elendil Name einer Romanfigur in J. R. R. Tolkiens „Der Herr der Ringe"

Eli / Elie hebr. „mein Gott"

Elia / Eliah / Eliyahniederl./engl. Varianten von **Elijah**

Elian engl./niederl. Variante von **Aelian**

Eliano ital./port. Variante von **Aelian**

Elias Variante von **Elijah**

Eliezer / Elieser hebr. „Mein Gott ist Hilfe"

Elijah / Elija hebr. „Mein Gott ist Jahweh"

Elio ital. Form von Aelius

Elion alban,, von griech. Helios, „Sonne" hergeleitet

Eliot / Eliott / Elliott / Elliot nach einem engl. Nachnamen, Verkleinerungsform von **Elias**

Eliphas / Eliphaz hebr. „Mein Gott ist Stärke"

Elis schwed. Variante von **Elias**

Elischa / Elisha hebr. „Mein Gott ist Erlösung"

Elizar / Eleazar / Eleasar Varianten von **Eliezer**

Ellis walis. „freundlich"

Elmar / Elmer dt./engl., von altengl. *aedel*, „edel" und *maer*, „berühmt"

Elmin bosn. Form von **Almin**

Elmo Kurzform von germ. Namen, die mit Helm- beginnen; Kurzform von **Erasmus**

Eloi / Eloy span., von lat. *eligere*, „auswählen"; St. Eligius ist der Schutzheilige der Metallarbeiter

Elom westafrik./ewe „Gott liebt mich"

Elon hebr. „Eiche"

Elouan breton. „Licht"

Elrond sindarin „Sternenkuppel", Name einer Romanfigur in J. R. R. Tolkiens „Der Herr der Ringe"

Elroy engl. Variante von **Leroy**

Elton nach einem engl. Nachnamen, „Ellas Stadt"

Elvan türk. „bunt"

Elvin / Elwin „edler Freund", Verkleinerungsform von Adalwin

Elvis engl., von altengl. *alviss* „allweise", Var. von **Alvis**

Elwood nach einem engl. Nachnamen, „Baum mit älteren Bäumen"

Elyas arab. Form von **Elias**

Emerens niederl. Form von Emerentius, von lat. *emereo*, „völlig verdienen"

Emerson nach einem engl. Nachnamen, „Sohn von Emery"

Emery / Emory / Émery engl./frz. Varianten von **Emmerich**

Emil Kurzform vom röm. Familiennamen Aemilius, von lat. *aemulus*, „Rivale"

Émile frz. Form von **Aemilian**

Emilio ital./span./port. Form von **Aemilian**

Emilian rum. Form von **Aemilian**

Emilias Variante von **Aemilian**

Emin türk. Variante von **Amin**

Emir bosn. Form von **Amir**

Emmanuel / Emanuel frz./engl. Varianten von **Immanuel**

Emmeran lat. Form von ahd. *Heimeran*, „Rabenheim"

Emmerich germ. „Das ganze Reich"

Emmett / Emmet nach einem engl. Nachnamen, abgel. von germ. *ermen*, „vollkommen"

Emre türk. „Freund"

Emrik schwed./norweg. Form des german. Namens Emmerich

Emrys walis. Form von **Ambrosius**

Enael Kurzform von **Nathanael**

Endres / Endris dt., mittelalterliche Formen von **Andreas**

Eneas span. Variante von **Aeneas**

Endrit alban. „Das Licht"

Endymion von griech. *endyein*, „hineintauchen"

Enian walis. „Amboss"; bzw. nach einem röm. Familiennamen

Enkidu Name einer Figur aus dem Gilgamensch-Epos

Ennis irisch, nach dem Namen einer Stadt in Irland

Enno ostfries. Kurzform von Eginhard, von germ. *agin*, „scharf" und *hard* „hart"

Enoch Variante von *Henoch*, hebr. „gewidmet"

Enrico ital. Form von **Heinrich**

Enrique span. Form von **Heinrich**

Enver türk. „Glanz"

Enzo ital. Kurzform von Namen, die auf -enzo enden

Eoin gäl. Form von **John**

Ephraim hebr. „fruchtbar"

Ephron / Evron jidd. Form von Ephraim; hebr. „kleines Reh"

Epikur griech. „Kamerad"; Name eines antiken griech. Philosophen

Eragon Name der titelgebenden Romanfigur in Christopher Paolinis „Eragon-Tetralogie"

Erasmus latinisiert von griech. *erasmios*, „geliebt"

Erdmann Variante von **Hartmann**

Erik / Eric von altnord. „ewiger Herrscher"

Erion / Erijon / Erjon alban. „Wind vom Meer"

Erivan von der griech. Göttin *Eris* (Göttin der Zwietracht) abgel., Name eines Ritters aus Edmund Spensers epischen Gedicht „The Faerie Queene" aus dem 16. Jh.

Erle engl. Variante von **Earl**

Erlis alban. „duftender Baum"

Ermin bosn. Form von **Armin**

Ernestin dt./schweiz. „der Ernste"

Ernesto ital./span./port. Form von Ernst

Erno finn. Form von **Ernst**

Ernö ung. Form von **Ernst**

Ernst germ. „der Ernste"

Erol türk. „tapfer"

Eros griech. „Liebe"

Ervin ungar./kroat. Form von **Erwin**

Erwan breton. Form von **Ivo**

Erwin dt., hergel. von germ. *Hariwini*, von hari, „Armee" und win, „Freund"

Esko finn. Variante des Namens Eskil, von altnord. *ass*, „Gott",

Espen / Esben dän./norweg. Form von Asbjörn, von altnord. *ass*, „Gott" und *björn*, „Bär"

Esra skand./dt. Form von **Ezra**

Esteban span. Form von **Stefan**

Ethan hebr. „fest, ausdauernd"

Etienne frz. Form von **Stefan**

Etzel german. Form von **Attila**, aus dem Nibelungenlied

Eugen von griech. *eugenes*, „gut geboren"

Euron Figur in der Fernsehserie *Game of Thrones*

Eusebius griech. „der Fromme"

Evan engl. Form von *Iefan*, einer walis. Form von **John**

Evangelos griech. „guter Bote"

Even norweg., von altnord. *Eyvindr, ev*, „Insel" und *vindr*, „Sieg"

Everett nach einem engl. Nachnamen

Ezekiel / Ezechiel hebr. „Gott stärkt"

Ezra hebr. „Hilfe"

Fabian Kurzform von Fabianus, einem röm. Beinamen, dieser wiederum wurde von **Fabius** abgeleitet

Fabio ital./span./port. Form von **Fabius**

Fabius röm. Familienname, von lat. *faba*, „Bohne"

Fabrice frz. Form von Fabricius, siehe **Fabricio**

Fabricio / Fabrizio span./port./ital. Form des röm. Familiennamens Fabricius, dieser wiederum wurde von *faber*, „Handwerker" abgeleitet

Facundo span. Form von Facundus, „der Redebegabte"; Names eines Heiligen

Faisal arab. „Streitschlichter, Richter"

Falk germ. „Falke"

Falko / Falco von ital. *falco*, „Falke"

Fannar isl., von altnord. *fönn*, „Schneewehe"

Faolán gäl. „kleiner Wolf"

Farian afghan. Name, vermutlich persischer Herkunft, Bedeutung unbekannt

Faris arab. „Ritter"

Farolt von germ. *faran*, „reisen" und *waltan*, „herrschen"

Faron germ. „der Reisende"

Farrell engl., nach einem irischen Familiennamen, „Nachfahren des Tapferen"

Faust nach einem dt. Nachnamen, der wiederum von **Faustus** abgeleitet wurde

Faustin frz./russ./rätoroman. Form von **Faustinus**

Faustinus lat. Verkleinerungsform von **Faustus**

Fausto ital. Form von **Faustus**

Faustus röm. Beiname, „Der Glückliche"

Fedde / Fedder fries. Kurzformen von Namen, die mit *Frid*-, „Friede" beginnen

Federico span./ital. Form von **Friedrich**

Fedor / Feodor russ. Varianten von **Fjodor**

Feivel jidd. Verkleinerungsform von **Phoebus**

Felian von lat. *felix*, „glücklich"

Felician / Felizian engl./dt. Kurzform des röm. Namens Felicianus, der wiederum von **Felix** hergeleitet wird

Felino von lat. Felix, „glücklich"

Felipe span. Form von **Philipp**

Felix lat. „Der Glückliche"

Fenrir altnord. „Moorbewohner"; Name eines riesenhaften Wolfs aus der nordischen Legende

Fenris Variante von **Fenrir**

Fenton nach einem engl. Nachnamen, „Sumpfstadt"

Ferdi Kurzform von **Ferdinand**

Ferdinand von germ. *fardi*, „Reise" und *nand*, „tapfer"

Fergus angl. Form von gäl. *Fearghas*, „Mann der Tatkraft"

Fernando span./port. Form von **Ferdinand**

Fester niederl. Kurzform von **Sylvester**

Ferran katalan. Form von **Ferdinand**

Ferre niederl. Kurzform von **Ferdinand**

Ferris nach einem irisch/schott. Familiennamen, „Nachfahren von Fearghas"

Festus röm. Beiname, „Fest, Feier"

Fidel span., von lat. *fidelis*, „treu"

Fidelio ital./span. Form von Fidelius

Fidelius von lat. *fidelis*, „treu"

Fiete / Fietje norddt. Kurzformen von **Friedrich**

Fin Variante von **Finn**

Finbar / Finnbarr irisch „helles Haar"

Findus Romanfigur in Sven Nordqvists „Petterson und Findus"

Finian / Finjan / Finnian von gäl. *finn*, „weiß, hell"

Finjas / Fineas Varianten von **Phineas**

Finlay / Finley / Finnlay / Finnley gäl. „weißer Krieger"

Finn alte irische Form von **Fionn**

Finnegan nach einem irischen Familiennamen, anglis. Form von *Ó Fionnagáin*, „Nachfahre von Fionnagán"

Finnjo Weiterbildung von **Finn**

Fintan irisch „weißer Bulle" oder „weißes Feuer"

Fionn / Fjonn / Fion gäl. „weiß"

Firmin Kurzform des lat. Namens **Firminus**

Firminus lat. „fest"

Fitz engl. Kurzform von Namen, die mit *Fitz*, „Sohn des" beginnen

Fjell norweg. „Fels"

Fjodor / Fyodor russ. Form von **Theodor**

Flannery nach einem irischen Familiennamen, „Nachfahren des roten Helden"

Flavian Kurzform des röm. Familiennamen Flavianus, dieser wiederum ist von Flavius hergeleitet

Flavio ital. Form von **Flavius**

Flavius röm. Familiennamen, von *flavus*, „hellhaarig, golden"

Fletcher nach einem engl. Nachnamen, „Pfeilmacher"

Florean rum. Variante von **Florian**

Florens / Florent / Florentin / Florenz niederl./frz./dt. Formen von Florentius, von lat. *florens*, „blühend"

Florian von dem röm. Namen Florianus, abgeleitet von Florus, von *flos*, „Blume"

Florin rum. Form von Florinus, abgel. von Florus, von *flos*, „Blume"

Floris niederl. Variante von **Florens**

Floyd engl. Variante von **Lloyd**

Flurin rätoroman. Form von **Florian**

Flynn nach einem irischen Familiennamen, „Nachfahren des Roten"

Fokke / Fokko fries. Formen von **Folke**

Folke / Folko / Fulke schwed./norweg./dän. Kurzformen von Namen, die mit *Folk*, „Volk" beginnen

Ford nach einem engl. Nachnmen, „die Furt"

Forest / Forrest nach einem engl. Nachnamen, „Wald"

Fortunat slaw./schweiz. Form des röm. Namens **Fortunatus**, lat. „der Glückliche, Gesegnete"

Fosco ital., von lat. *fuscus*, „dunkel"

Foster evtl. eine Verkürzung des germ. Namens *Widugast* „Fremder im Wald"

Fox engl. „Fuchs"

Francesco ital. Form von **Franziskus**

Francis engl. Form von **Franziskus**

Franciscus / Franziskus lat. „der Franzose"

Franco germ. Variante von Frank; ital. Kurzform von **Francesco**

François frz. Form von **Franziskus**

Frane kroat. Form von Franz

Franjo serbokroat. Form von **Franziskus**

Frank / Franck dt./frz. „der Franke", oder Kurzform von **Franziskus**

Franklin von mittelengl. *freeman*, „freier Bürger"

Frans skand./niederl. Form von **Franziskus**

Franz dt. Kurzform von **Franziskus**

Frazer / Fraser / Frazier nach einem engl. Nachnamen

Fred engl. Kurzform von **Frederick**

Freddie / Freddy Kurzform von **Frederick**

Frederick / Frederik / Frederic nordische/ engl. Variante von **Friedrich**

Freeman mittelengl. „freier Bürger"

Frido germ. „Frieden", Kurzform von Namen, die mit Frid- beginnen

Fridolin Erweiterung von germ. *frido*, „Frieden"

Friedemann germ. „friedlicher Mann"

Frieder Kurzform von **Friedrich**

Friedrich germ. „friedliches Reich"

Frieso / Friso fries. „der Friese"

Fritz dt. Kurzform von **Friedrich**

Frodo von germ. *frod*, „weise"; Name einer Romanfigur in J. R. R. Tolkiens „Der Herr der Ringe"

Froilán span./germ. „kleiner Herr"

Fulton nach einem engl. Nachnamen, abgel. von der Stadt *Foulden*, altengl. „Vogelhügel"

Fulvius / Fulvio lat./ital. Von lat. *fulvus*, „gelb, gelbbraun"

Fynn dt., moderne Variante von **Finn**

G

Gabin frz., vermutlich nach der antiken ital. Stadt Gabii

Gábor ung. Form von **Gabriel**

Gabriel hebr. „Gott ist mein starker Mann"; Name eines Erzengels

Gaël frz./bret. „der Gäle"

Gaetano ital. Form des lat. Namens Caietanus, „der aus Caieta"

Gage nach einem engl. Nachnamen altfrz. Herkunft

Gaius röm. Vorname unbek. Bedeutung, ein berühmter Namensträger war Gaius Julius Caesar

Galahad Name eines Ritters aus der Artussage

Galen griech. „ruhig"

Gandalf altnord. „Stab-Elf", Name einer Romanfigur in J. R. R. Tolkiens „Der Herr der Ringe"

Ganesh / Ganesha ind. „Herr der Massen"; Name des hind. Gottes der Weisheit und des Glücks

Ganix bask. Form von **Johannes**

Ganymed griech. „Glück anstreben"

Gareth Name eines Ritters aus der Artussage, vermutl. von walis. *gwarredd*, „Sanftmut"

Garrett nach einem engl. Nachnamen

Garrison nach einem engl. Nachnamen, „Sohn von **Garrett**"

Garth nach einem engl. Nachnamen, von altnord. „Garten"

Gary / Garry nach einem engl. Nachnamen
Gaspard frz. Form von Kaspar, von pers.
„Schatzmeister"
Gaston frz., Name des Heiligen Vedastus
Gaudens / Gaudenz niederl./dt., von lat. *gaudere*,
„jubeln, frohlocken"
Gauthier / Gautier frz. Form von **Walter**
Gavin / Gaven alte Varianten von **Gawain**
Gawain Name eines Ritters aus der Artussage
Gedeon griech. Form von **Gideon**
Geir norweg./isl., von altnord. geirr, „Speer"
Gellért ung. Form von Gerhard, von germ. *ger*, „Speer"
und *hard*, „hart"
Genc / Gent alban., Verkürzung des illyr. Namens
Gentius
Gene engl. Kurzform von Eugene
Gennadi russ., von griech. *gennadas*, „großzügig, edel"
Gentian alban. „Enzian"
Geoffrey norm. Form eines germ. Namens, Bedeutung
unklar
Georg von griech. *georgios*, „Bauer"
George engl. Form von **Georg**
Gerben von germ. *ger*, „Speer" und *bern*, „Bär"
Gerlach germ. „Schwertspieler"
German von lat. *germanus*, „Bruder"
Germain frz. Form von **German**
Gero germ. Kurzform von Namen, die mit Ger-
beginnen, germ. *ger*, „Speer"
Gerrit niederl./fries. Form von Gerhard, germ. „starker
Speer"
Gerson von hebr. Gershom, „ein Fremder dort"
Gert / Gerd / Geert dt./niederl. Kurzform von Gerhard,
germ. „starker Speer"
Gervais frz., nach dem christlichen Märtyrer St.
Gervasius
Gervin / Gerwin germ. Kriegername: „Freund des
Speeres"

Ghislain frz., abgel. von germ. *gisil*, „Geisel"
Giacomo ital. Variante des Namens **Jakob**
Gian / Gianni ital. Kurzformen von **Giovanni**
Gianin rätoroman. Verkleinerungsform von **Hans**
Gianluca ital. Kombination aus **Gian** und **Luca**
Gibran span., von arab. Jubran, „der Mildtätige"
Gibril arab. Form von **Gabriel**
Gideon hebr. „Baumfäller"
Gil hebr. „Glück, Freude"
Gildas alter gall./bret. Name, Bedeutung unbekannt
Gilead / Gilad nach einer Ortsbezeichnung aus dem Alten Testament, hebr. „Ort des Zeugnisses"
Giles / Gilles engl./frz.; von griech. *aigidion*, „junge Ziege"
Gillis niederl. Form von **Giles**
Gino ital. Kurzform von Namen, die auf -gino enden
Gion rätoroman. Form von **Gian**
Gionet rätoroman. Variante von **Gion**
Giordano ital. Form von Jordan, nach dem in Jordanien/Israel befindlichen gleichnamigen Fluß
Giordyn Variante von **Jordan**
Giotto ital. Verkleinerungsform von Ambrogio, der ital. Form von **Ambrosius**
Giovanni ital. Form von **Johannes**
Giulian rätoroman. Form von **Julian**
Giuliano ital. Form von **Julian**
Giulio ital. Form von **Julius**
Giuseppe ital. Form von **Josef**
Glen / Glenn nach einem schott. Nachnamen, von gäl. *glaenn*, „Tal"
Glyn / Glynn walis. „Tal"
Godot frz. Kurzform von *godillot*, „Schuh"; Name der titelgebenden Romanfigur bei Samuel Becketts „Warten auf Godot"
Golo dt. Kurzform von Namen, die mit Gott- beginnen
Gonne von ahd. *gund*, „Kampf"

Gonzalo span. Form des altdt. Namens Gundisalvus, von *gund*, „Krieg"

Goran südslaw. „Der aus den Bergen stammt"

Gordan serbokroat., von südslaw. *gord* „ehrwürdig"

Gordian nach dem röm. Beinamen Gordianus, „aus Gordium", der früheren phrygischen Hauptstadt

Gordon nach einem schott. Nachnamen, „große Festung"

Gösta schwed. Variante von **Gustav**

Götz Kurzform von Namen, die mit Gott- beginnen

Graciano span./port. Form von **Gratian**

Grady nach einem irischen Familiennamen, „Nachfahren von Grádaigh", des Edlen

Graham nach einem schott. Nachnamen, altengl. „rauhes Heim"

Granit albanischer Name unklarer Bedeutung

Grant nach einem schott. Nachnamen, der von norm. *grand*, „groß" hergeleitet ist

Gratian / Grazian von lat. *gratus* „Gnade"

Gray / Grey nach einem engl. Nachnamen, engl. *grey*, „grau"

Grayson / Greyson nach einem engl. Nachnamen

Greg / Gregg engl. Kurzform von **Gregory**

Gregor von griech. *gregoros*, „wachsam"

Gregory engl. Form von **Gregor**

Griffin latinisierte Form von Griffith

Griffith engl., von walis. *gruffudd* „Starker Prinz"

Grischa / Grisha russ. Kurzform von Grigoriy, der russ. Form von **Gregor**

Grover nach einem engl. Nachnamen, „Wäldchen"

Guido Kurzform von germ. Namen, die mit Wit- beginnen

Guillaume frz. Form von **Wilhelm**

Gunnar skand., von altnord. „Kriegskämpfer"

Gus engl. Kurzform von **Augustus**

Gustav skand./dt., von altnord. „Stab der Goten"

Gustin rätoroman. Kurzform von **Augustin**

Guy engl./frz. Kurzform von germ. Namen, die mit Wit- beginnen

Gwenaël frz./breton.; von bret. *gwenn*, „hell, gesegnet" und *hael*, „großzügig"

Gwyn / Gwynn walis. „weiß, hell"

Gyula ung. Form von Julius

Habakkuk / Habakuk hebr. „umarmen"
Habib arab. „Liebling"
Hademar dt./niederl., von germ. *hadu*, „Schlacht" und *mari*, „berühmt"
Hades griech. „Der Ungesehene"; der Gott der Unterwelt in der griech. Mythologie
Hadley nach einem engl. Nachnamen, „Heidefeld"
Hadrian nach dem röm. Beinamen Hadrianus, „aus Hadria", einer Stadt an der Adria
Hagen dän. Form von **Håkon**
Haggai hebr. „feierlich"
Haidar arab. „Löwe"
Haimo alte dt. Kurzform von Namen, die mit Heim-beginnen
Hajo dt. Kurzform von Hans-Joachim
Hakan türk. „Herrscher"
Hakim arab. „weise"
Håkon / Hakon / Haakon norweg., von altnord. *hákonr* „Hoher Sohn/Abkömmling"
Haldor / Halldor norweg., von altnord. *Hallthor*, „Thors Fels"
Haldir Name einer Romanfigur in J. R. R. Tolkiens „Der Herr der Ringe"

Halil türk. Form von **Khalil**, arab. „Freund"
Halim arab. „geduldig, mild"
Halle norweg., von altnord. *hallr*, „Fels"
Halvar / Halvor schwed., von altnord. *hallvadr*, „Felswächter"
Hamid arab. „gepriesen"
Hamilton nach einem engl. Nachnamen, von altengl. *hamel dun* „krummer Hügel"
Hamish schott. Form von James
Hamlet dän., Bedeutung unklar. Titelgebende Hauptfigur in William Shakespeares Theaterstück
Hamon altengl. Form von **Haimo**
Hammon engl., nach dem ägypt. Gott Amun, „der Verborgene"
Hammond nach einem engl. Nachnamen, „der Beschützer"
Hanan hebr. „gütig"
Hanjo dt. Kurzform von Hans-Joachim
Hank engl. Kurzform von *Hankin*, einer mittelalterl. **Variante von John**
Hanke niederl. Verkleinerungsform von **Johan**
Hanko poln Kurzform von **Jan**
Hannas griech. Form von hebr. *Hananiah*, „Gott ist gnädig"
Hannes dt./schwed./niederl. Kurzform von **Johannes**
Hannibal phöniz. „Gnade Baals"
Hanno nordd. Kurzform von **Johannes**
Hans dt./skand./niederl. Kurzform von **Johannes**
Hany arab. „der Glückliche"
Harald skand./dt., vom altengl. Namen *Hereweald*, „Anführer des Heers" abgeleitet
Haran hebr. „Berg"
Hardin nach einem engl. Nachnamen
Hardy mittelengl. „tapfer"
Haris moderne griech. Form von *Chares*, „Güte"
Harlan nach einem engl. Nachnamen, „Hasenland"
Harley nach einem engl. Nachnamen, „Hasenlichtung"

Harlow nach einem engl. Nachnamen, „felsiger Hügel"
Harmon nach einem engl. Nachnamen, der von Herman abgel. wurde
Harun / Haroun arab. Form von **Aaron**
Harper nach einem altengl. Nachnamen, „Harfner"
Harris nach einem engl. Nachnamen, dieser wiederum wurde von **Harry** abgeleitet
Harrison nach einem engl. Nachnamen, „Sohn des Harry"
Harry engl., mittelalterl. Form von **Henry**
Hartmann germ. „tapferer Mann"
Harvey engl., nach dem breton. Namen Haerviu, „des Kampfes würdig"
Hashim arab. „Zerbrecher (des Brotes)"
Hauke fries. Variante von **Hugo**
Haukur isl. „Falke"
Haven engl. „Hafen"
Hawk engl. „Falke"
Hayden / Haden nach einem engl. Nachnamen
Heath engl. „Heide"; Kurzform von **Heathcliff**; nach einem engl. Nachnamen
Heathcliff Name des Hauptprotagonisten in Emily Brontës „Sturmhöhe"
Hector / Hektor lat./griech.; von griech. *Hektor*, „festhalten"
Heiko / Haiko niederl./fries. Kurzform von **Heinrich**
Heimo finn. „Stamm"
Hein niederl. Kurzform von **Hendrik**
Heiner dt. Kurzform von **Heinrich**
Heinrich dt. von germ. „Herrscher des Heims"
Helge skand./dt., von altnord. *heilagr*, „gesegnet"
Helias lat. Form von **Elias**
Helios „Sonne", Name des Sonnengottes aus der griech. Mythologie
Helmer schwed. Form von **Hjalmar**
Helvin / Helwin germ. „gesunder Freund"
Heman ebr. „treu, standhaft"

Henderson nach einem schott. Nachnamen, „Sohn des Henry"

Hendrik / Hendrick niederl./dt./estn. Variante von **Heinrich**

Henk niederl. Kurzform von **Hendrik**

Henke schwed. Kurzform von **Henrik**

Hennes dt. Variante von **Hannes**

Henning skand./dt. Kurzform von **Henrik**

Henno estn. Form von **Heinrich**

Henri / Henry frz./ngl. Formen von **Heinrich**

Henrik / Henrick skand. Form von **Heinrich**

Henryk poln. Form von **Heinrich**

Herakles griech.; Halbgott aus der griech./röm. Mythologie

Herkules / Hercules lat., Halbgott aus der griech./röm. Mythologie

Hermes Name des Götterboten aus der griech. Mythologie

Hernán span. Kurzform von Hernando, einer mittelalterl. span. Form von **Ferdinand**

Hero latinisierte Form des griech. *Heros*, „der Held"

Heron altgriech. „der Tapfere, der Held"

Herold niederl. Form von *Herwald*, ahd. „Anführer der Armee"

Hieronymus von griech. *Hieronymos*, „Geheiligter Name"

Hilger niederl./dt. Form des germ. Namens *Hildegar*, „bereit zur Schlacht"

Hilko fries./niederl. Kurzform von Namen, die mit Hild-beginnen. Bedeutung: „Der Krieger"

Hinnerk niederdt. Form von **Heinrich**

Hiram hebr. „erhabener Bruder

Hiro jap. „wohlhabend"

Hisham arab. „großzügig"

Hjalmar skand., von altnord. *hjalmarr*, „behelmter Krieger"

Hoimar skand., von altnord. *holmr*, „Insel" und *ger*, „Speer"

Holden nach einem engl. Nachnamen, „tiefes Tal"

Holger schwed./norweg./dän., nach dem altnord. Namen *Hólmgeirr*, der sich aus „Insel" und „Speer" zusammensetzt

Hollis nach einem engl. Nachnamen, von mittelengl. *holis*, „Stechpalmenbäume"

Holm altnord. „kleine Insel"

Homer griech. „Pfand, Bürgschaft", Name eines griech. Poeten

Hopkin mittelalterl. Verkleinerungsform von *Hob*, einer alten Kurzform von **Robert**

Horand ahd. „hoher Rand"; Names eines Minnesängers im Kudrunlied

Horaz dt. Form des röm. Familiennamens Horatius; Name eines berühmten röm. Schriftstellers

Horus Name des ägypt. Gottes des Lichts, wurde oft als Mann mit Falkenkopf dargestellt

Hosea hebr. „Erlösung"

Hubertus, latinisierte Form von Hubert, germ. „leuchtende Seele"

Hudson nach einem engl. Nachnamen

Hugh engl. Form von **Hugo**

Hugo germ. „Herz, Seele"

Hunter nach einem engl. Nachnamen

Hushai bibl. Name unklarer Bedeutung

Ian / Iain schott. Form von **John**
Idris arab. „Ausleger"; arabischer Name des bibl.
Propheten Henoch
Ignaz Kurzform von Ignatius, eines röm.
Familiennamens, hergel. von lat. *ignis,* „Feuer"
Igor „Krieger des Herrn"; russ. Form von Ingvar, hergel.
von altnord. *Yngvi,* der Name eines Gottes, und *arr,*
„Krieger"
Ihab arab. „Geschenk"
Ilay / Ilai / Elay aram. „höherstehend"
Ilan hebr. „Baum"
Ilian bulg. / rum. Form von **Elias**
Ilias / Ilyas neugriech. / arab. Form von **Elias**
Ilja / Ilya russ. Form von **Elias**
Ilko bulg. Kurzform von **Iliya**, der bulg. Form von Elias
Ilon kurd. „September"
Ilyas arab. Form von **Elias**
Iman arab. „Glaube"
Immanuel hebr. „Gott ist mit uns"
Imran arab., von hebr. Amram, „erhabene Nation"
Imre ung. Form von **Emmerich**
Iñaki bask. Form von Ignatius, siehe **Ignaz**
Indiana nach einem Bundesstaat der USA
Indigo nach dem violett-blauen Farbton
Indra Name des ind. Regengottes

Ingo skand./dt. Kurzform von Namen, die mit Ing-beginnen. Ing ist der Name eines germanischen Fruchtbarkeitsgottes.

Inigo anglisierte Form von Íñigo, vom lat. Namen **Ignatius**

Inko Variante von Ingo

Innes schott. Variante von Angus

Inyan Lakota-Name des myth. Felsens, der zu Beginn der Welt das ganze Universum beinhaltete

Irakli georg. Form von **Herakles**

Irenäus latiniserte Form des griech. Namens *Eireneios*, „der Friedliche"

Irfan arab. „Wissen"

Isaak / Isaac hebr. „er wird vor Freude lachen"

Isai / Isaï / Isaí dt./frz./span. Form von hebr. *Yishay*, „Geschenk"

Isaiah / Izaiah / Isaias von hebr. *Yesha'yahu*, „Yahweh ist Erlösung"

Isidor dt./russ. Form des griech. Namens *Isidoros*, „Geschenk von Isis"

Ismael hebr. „Gott wird hören"

Itai / Itay / Ithai hebr. „mit mir"

Ivan / Iwan slaw. Form von **Johannes**

Ivano ital. Form von **Ivan**

Ivar / Ivor skand., von altnord. „Krieger"

Iven / Iwen Variante des germ. Namens **Ivo**

Ivo / Yvo germ. „Eibe"

Izan bask. „Sein"

Jaan estn. Form von **Jan**
Jabari suah. „der Tapfere"
Jabin hebr. „der Aufmerksame"
Jacanin rätoroman. Form von **Heinrich**
Jace engl. Kurzform von **Jason**
Jacek poln. Form von *Hyacinthus*, nach der gleichnam.
Blume
Jack engl. Kurzform von **Jackin**
Jackin mittelalterl. engl. Variante von **Jehan**, einer alten
frz. Form von **Johannes**
Jackson nach einem engl. Nachnamen, „Sohn von Jack"
Jacques frz. Form von **Jakob**
Jacquin nach einem frz. Nachnamen
Jaden / Jayden / Jaiden / Jaydon moderne
Namenskreation, klanglich an **Aidan** angelehnt
Jadiel / Yadiel span./port. Form von hebr. Yehudiel.
„Lobpreis Gottes"
Jadon hebr. „dankbar" bzw. „er wird richten"
Jadran serbokroat./slowen. Form von **Adrian**
Jago / Iago walis. Form von **Jakob**
Jaime span. Form von **Jakob**
Jairus hebr. „Lichtschein"
Jake engl. Kurzform von **Jacob**
Jakob / Jacob dt./engl. Form von hebr. *Ya'aqov*,
Bedeutung unklar

Jalal arab. „Größe"

Jalen / Jalin engl. Kombination aus den Namen **James** und **Leonard**

Jalil arab. „erhaben"

Jalmari finn. Form von **Hjalmar**

Jalon hebr. Name unklarer Bedeutung

Jamal arab. „Schönheit"

Jamar moderne amerik. Kombination der Namen **Jamal** und **Lamar**

Jamari amerik. Variante von **Jamar**

James engl. Form des lat. Namens *Iacomus*, welcher von griech. *Iakobos*, **Jakob**, hergeleitet wurde

Jameson / Jamison „Sohn von James", abgel. von einem engl. Familiennamen

Jamie / Jamey schott./engl. Kurzformen von **James**

Jamin hebr. „rechte Hand"

Jamil arab., Variante von **Jamal**

Jamir US-amerik. Variante von **Jamar**

Jan niederl./ schwed. Form des Namens **Johannes**

Janek poln./tschech. Verkleinerungsform von **Jan**

Janez slowen. Form von **Johannes**

Jani finn./ung. Kurzform von **Johannes**

Janin rätoroman. Variante von **Gianin**

Janne finn. Form von **Johannes**, schwed. Verkleinerungsform von **Jan**

Jannes skand./dt. Kurzform von **Johannes**

Jānis lett. Form von **Johannes**

Jannik / Jannick dän. Verkleinerungsform von **Jan**

Jannis niederl./fries. Kurzform von **Johannes**

Jānis lett. Form von **Johannes**

Janko serbokroat./slowen. Verkleinerungsform von **Jan**

Jano span. Kurzform von **Alejandro**

Janosch dt. Schreibweise des ung. Namens János, einer Form von **Jan**

Jante niederl. Verkleinerungsform von **Jan** bzw. **Jon**

Janus lat. „Bogengang"; nach dem röm. Gott der Durchgänge und Anfänge

Janusch dt. Schreibweise des poln. Namens **Janusz**

Janusz poln. Form von **Johannes**

Jaquan moderne US-amerik. Namenskreation, evtl. von **Jacquin** hergel., Bedeutung unklar

Jared engl. Form des hebr. Namens Yared, „Abstammung"

Jari finn. Kurzform von **Jalmari**

Jarik poln. Kurzform von Jarosław, slaw. „wild und glorreich"

Jaris Variante von **Yaris**

Jarmo / Jarno finn. Formen von **Jeremias**

Jarnedän. Form von **Georg**

Jaro Kurzform von Namen, die mit Jaro- beginnen

Jaron hebr. „singen"

Jarven / Jarvin schwed./dt., Bedeutung unklar

Jarvis / Javis engl. Formen von **Gervais**

Jascha russ./slowen. Kurzform des Namens Yakuv, **Jakob**

Jaschka russ. Verkleinerungsform des Namens **Jascha**

Jasin kroat. „Eschenbaum"

Jaska finn. Kurzform von Jaakko, siehe Jakob

Jasko serbokroat. Kurzform von **Jasmin**

Jasmin serbokroat., nach der gleichnam. Pflanze. Die weibliche Form lautet dort Jasmina.

Jason Name des Anführers der Argonauten in der griech. Mythologie

Jasper / Jesper engl./dän., von pers. „Schatzmeister"

Javan / Javon hebr. „Griechenland"

Javed / Javid pers. „ewig"

Javier span. Form von Xavier

Jax engl. Kurzform von **Jaxon** oder **Ajax**

Jaxon / Jaxson engl. Varianten von **Jackson**

Jay engl. Kurzform von Namen, die mit J beginnen, wie z. B. James oder Jason

Jean frz. Variante von **Jehan**

Jeannot frz. Verkleinerungsform von **Jean**

Jeffrey / Jeffery mittelalterl. Variante von **Geoffrey**

Jehan alte frz. Form von **Johannes**
Jelke fries. Variante von **Julius**
Jelko serbokroat., Kurzform von Jelenko. „Hirsch"
Jelle niederl. Kurzform von **Willem**
Jendrik slaw. Form von Heinrich
Jenke fries. Variante von **Johannes**
Jenő ung. Variante von **Eugen**
Jens dän. Form von **Johannes**
Jeppe dän. Kurzform von **Jakob**
Jeremiah hebr. „Yahweh hat aufgerichtet"
Jeremias dt./port./span. Form von **Jeremiah**
Jeremy engl. Form von **Jeremiah**
Jeroen niederl. Form von **Jerome**
Jerome / Jérôme engl./frz. Formen von **Hieronymos**
Jerry engl. Kurzform von **Jeremy, Jerome, Gerald** und ähnlich beginnenden Namen
Jesaja / Jesaiah von hebr. *Yesha'yahu*, „Yahweh ist Erlösung"
Jeshua Variante von **Joshua**
Jesko / Jesco slaw. „der Mutige", Kurzform von Jaromir oder Jaroslav
Jesse engl. Form von hebr. *Yishay*, „Geschenk"
Jésus span. Form von Jesus
Jethro von hebr. *Yitro*, „Überfluss"
Jim engl. Kurzform von **James**
Joah bibl. Name von unklarer Bedeutung
Joan katalan. Form von **Johannes**
Joaquin / Joaquim port./span. Form von Joachim, „Gott richtet auf"
Jodocus latinisierte Form von Judoc, siehe **Josse**
Joe engl. Kurzform von **Joseph**
Joel vom hebr. Namen *Yoel*, „Yahweh ist Gott"
Joey engl. Verkleinerungsform von **Joe**
Johan skand./niederl. Form von **Johannes**
Johann dt. Form von **Johannes**
Johannes hebr. „Gott ist groß"
John engl. Form von **Johannes**

Johnny Kurzform von **John**

Joko plattdt. Kurzform von Namen, die mit Jo- beginnen

Jökull isl. „Gletscher"

Jolan engl. Kombination aus **Joel** und **Nolan**

Jomar norweg./altnord. „berühmtes Pferd"

Jon engl. Kurzform von **Jonathan**

Jonah / Jona hebr. „Taube"

Jonan hebr. „Yahweh ist großzügig"

Jonas griech. Form von **Jonah**

Jonathan hebr. „Yahweh hat gegeben"

Jonin rätoroman., Bedeutung unklar

Jonis altschwed. Variante von **Johannes**

Jonne niederl./fries. Variante von **Johannes**

Jonte schwed. Kurzform von **Jon** und **Jonas**

Joona finn. Form von **Jonah**

Joos niederl. Kurzform von **Justus, Jodocus** oder **Josef**

Joost / Jost dt./niederl. Form des mittelalterl. Namens **Josse**

Jorah Name einer Figur in der Fernsehserie Game of Thrones

Joram biblischer Name, Variante von **Yoram**

Jordan Name eines Flusses in Israel und Jordanien

Jordi katalan. Form von Georg

Jörg dt. Kurzform von **Georg**

Jorik niederl. Variante von **Yorick**

Jorin Bedeutung unklar, evtl. eine niederdt. Form von Jürgen

Joris niederl./fries. Form von **Georg**

Jörn dt./dän. Kurzform von Jörgen, der dän./norweg. Form von **Georg**

Jos niederl. Kurzform von **Josef**

Joscha / Josha / Joschka dt. Varianten des ung. Namens *Jóska*, einer Kurzform von **Joseph**

José span./port. Form von **Josef**

Josef / Joseph hebr. „Er wird hinzufügen"

Joschi Verkleinerungsform von **Aljoscha, Janosch, Jonas, Josef, Joshua** und **Josua**

Josh engl. Kurzform von Joshua

Joshua vom hebr. Namen *Yehoshu'a*, „Yahweh ist Erlösung"

Josia / Josiah vom hebr. Namen *Yoshiyahu*, „Yahweh unterstützt"

Josias latinisierte Form von **Josiah**

Josse mittelalt. engl. Name, abgeleitet von *Iudocus*, die latinisierte Form des breton. Namens *Judoc*, „Herr"

Josselin frz. Form des germ. Namens *Gautselin*, es bedeutet in etwa „kleiner Gote"

Joshi suah. „galoppierend"

Jostein norweg./schwed., von altnord. *jór*, „Hengst" und *steinn*, „Stein"

Josua dt. Form von **Joshua**

Josue span. Form von **Joshua**

Jouni finn. Form von **Johannes**

Jovan / Jovin serb./mazed./rätoroman. Formen von **Johann**

Jovis lat. „des Jupiter"

Juan span. Form von **Johannes**

Juda / Judah von hebr. *Yehudah* „gepriesen"

Juhani finn. Form von **Johannes**

Jukka finn. Form von **Johannes**

Julen bask. Form von **Julian**

Jules frz. Form von **Julius**

Júlí isl. „Juli"

Julian engl. Kurzform des röm. Namens Iulianus, der wiederum von Julius hergeleitet wurde

Julien frz. Form von **Julian**

Julius nach einem röm. Familiennamen, der entweder von griech, ioulos, „flaumbärtig" oder vom Namen **Jupiter** hergeleitet wurde

Junis schwed./dt. Name, Bedeutung unklar; evtl. eine Variante von Jonis oder Jonas

Junias bibl. Name, Bedeutung unklar

Jupiter Name des höchsten röm. Gottes, der Name bedeutet „Gottvater"

Juran kroat. Variante von **Jure**
Jure slowen./kroat. Form von **Georg**
Juri dt. Schreibweise der russ. Form von Georg, Yurij
Jurica slowen./kroat. Koseform von Juraj, **Georg**
Juris lett. Form von Georg
Juste frz. Form von **Justus**
Justin engl. Kurzform von **Justinus**
Justinian röm. Name, von **Justus** abgel.
Justinus röm. Name, von **Justus** abgel.
Justus lat. „Der Gerechte"

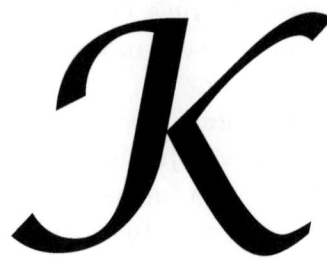

Kaan türk., zusammengezogene Form von Kağan, oder Khan, eines alten Herrschertitels

Kacper poln. Form von **Kaspar**

Kaden / Kaidan engl. Varianten von **Caden**

Kai / Kay fries., Bedeutung unbekannt, möglicherw. eine Kurzform von **Caius**

Kailash Name eines Berges im Himalaya, der angebl. Sitz des hind. Gottes Shiva

Kainan Variante von **Kenan**

Kajetan / Kayetan poln. Variante von lat. Caietanus, siehe **Gaetano**

Kalani hawaii. „Die Himmel"

Kalle schwed./finn. Kurzform von **Karl**

Kamal arab. „Vollkommenheit"

Kamil arab. „perfekt"

Kamran pers. „der Erfolgreiche"

Kane anglis. Form des irischen Namens *Cathán*, von gäl. *cath*, „Schlacht"

Karam arab. „Großzügigkeit"

Karan ind. „gewandt, klug"

Karel tschech./slowen. Form von **Karl**

Kari finn. Kurzform von Macarius, „der Glückliche"

Karim arab. „der Großzügige"

Karl germ. „Mann"

Karsten niederdt. Form von **Christian**

Kasim türk., von arab. *quasama*, „teilen"
Kasimir / Casimir poln. „Zerstörer des Friedens"
Kaspar / Kasper pers. „Schatzmeister"
Kaspian Variante von **Caspian**
Kayin yoruba „ersehntes Kind"; hebr. Form von **Kain**
Kean / Keane gälisch/irisch „altertümlich", Variation von Cian
Keanu / Kiano hawaii. „kühle Brise"
Keenan gälisch/irisch „altertümlich", Variation von Cian
Keita jap. „großes Fest"
Keith nach einem engl. Nachnamen, von britann. *cet*, „Wald"
Kelian frz. Variante von **Kilian**
Kellan / Kellin irisch; anglisierte Formen des gäl. Namens Caolán, „der Schlanke"
Kelly nach einem irischen Nachnamen
Kelvin nach dem Namen eines Flusses in Schottland; engl. Nachname
Kemal türk. Form von **Kamal**
Ken Kurzform von **Kenneth**
Kenai indian./dena'ina „Flachland"
Kenan hebr. „Besitz"
Kendji vermutl. eine Variante des jap. Namens **Kenji**
Kenji, jap., es gibt verschiedene Deutungsmöglichkeiten, z. B. „gesundes Kind"
Kenneth Name eines irischen Königs
Keno fries. Kurzform von **Konrad**
Kenzo jap. „bauen, kreieren"
Kerim türk. Form von **Karim**
Kévim port. Variante von **Kevin**
Kevin irisch „hübsch und freundlich von Geburt"
Khal Name einer Figur in der Fernsehserie Game of Thrones
Khaled / Khalid arab. „ewig"
Khalil arab. „Freund"
Khan urdu/pashto, „Herrscher"
Kian engl. Variante von **Cian**

Kidron Name eines Flusses bei Jerusalem

Kieran / Kieron angl. Formen des irischen Namens Ciarán, von gäl. *ciár*, „schwarz"

Kilian gäl. „Kirche"

Kim / Kimi finn. Kurzform von Joachim, siehe **Achim**

Kimani kikuyu „Abenteurer"

Kimo hawaii. Form von **Jakob**

Kimon altgriech. „Heerführer", nach einem berühmten athenischen Feldherrn

Kinan arab. „verhüllt"

Kingston nach einem engl. Familiennamen, „King's Town"

Kio chin. „Glücksstern"

Kiran / Kieran / Kieron engl. Formen des irischen Namens Ciarán, von gäl. *ciár*, „schwarz"

Kirian engl. Variante von **Kieran**

Kirill russ., vom griech. Namen Kyrillos, von *kyrios*, „Herr"

Kiro mazed. Kurzform von **Kirill**

Kiron irische Variante von **Kieran**

Kishan ind., vermutl. eine Variante von **Krishna**

Kitai japan. „Erwartung, Hoffnung"

Kiyan kurd. „König"

Kjell schwed./norweg., von altnord. *Ketill*, „Kessel"

Klaas niederl. Kurzform von Nikolaas, siehe **Nikolaus**

Klaus dt. Kurzform von **Nikolaus**

Klemens Variante von **Clemens**

Knox nach einem schott. Nachnamen, von altengl. *cnocc*, „runder Hügel"

Knud / Knut skand./dt.; von altnord. *knútr*, „Knoten"

Kobe niederl. Kurzform von **Jakob**

Kobi engl. Kurzform von **Jacob**

Kolja / Kolya russ. Verkleinerungsform von **Nikolai**

Konrad von germ. *kuoni*, „tapfer" und *rad* „Rat"

Konradin dt. Verkleinerungsform von **Konrad**

Konstantin von lat. *constans*, „konstant, stetig"

Konstantinos griech. Form von **Konstantin**

Koray türk. „glühender Mond"
Korbinian von lat. *corvus*, „Rabe"
Kordian poln., Name der titelgebenden Romanfigur in Juliusz Słowackis „Kordian"
Kornelius Variante von **Cornelius**
Kostas / Kosta griech. Kurzform von **Konstantinos**
Kostja / Kostya russ. Kurzform von **Konstantin**
Krabat sorb. „Kroate"; Name der titelgebenden Romanfigur in Otfried Preußlers „Krabat"
Kris engl./dän. Kurzform von Namen, die mit Chris-beginnen
Krischan niederd. Form von **Christian**
Krishna ind. „dunkel, schwarz"; Name eines hind. Gottes
Kriton Name eines Freund und Schülers des antiken Philosophen Sokrates
Kronos / Cronos Name eines Titanen aus der griech. Myth.
Kuma jap. „Bär"
Kumar ind. „Sohn"
Kuno von germ. *kuni*, „Familie"
Kurosh Name mehrerer pers. Könige
Kushan afghan. „harter Arbeiter"
Kurt dt. Kurzform von **Konrad**
Kyan moderne Variante von **Cian**
Kyle nach einem engl. Nachnamen, von gäl. *caol*, „schlank"
Kylian frz. Variante von **Kilian**
Kyros griech. Form von **Kurosh**

Laban hebr. „weiß"

Lachlan schott. Spitzname für Menschen aus Norwegen

Lael hebr. „von Gott"

Laertes einer der Argonauten in der griech. Mythologie

Laird nach einem schott. Nachnamen, „Landbesitzer"

Laith arab. „Löwe"

Lajos ung. Form von **Ludwig**

Lalit ind. „bezaubernd"

Lamar nach einem frz. und engl. Nachnamen, von frz. *la mar*, „der Teich"

Lambert germ. „leuchtendes Land"

Lambertus latinisierte Form von **Lambert**

Lamont nach einem schott. Nachnamen, dieser wiederum leitet sich vom altnord. Vornamen *Logmaðr*, „Mann des Gesetzes" ab

Lampert / Lamprecht dt. Varianten von **Lambert**

Lance engl., nach dem germ. Namen **Lanzo**

Lancelot / Lanzelot vermutl. eine erw. Form von **Lanzo**; Name eines Ritters aus der Artussage

Landelin / Landolin germ. Verkleinerungsform von Namen, die mit Land- beginnen

Lando alte dt. Kurzform von Namen, die mit Lam- oder Land- beginnen

Landon nach einem engl. Nachnamen, „Bergrücken"

Lanny Verkleinerungsform von Namen, die mit Lan-beginnen

Lanzo germ. „Land"

Laric Kombination aus den Namen **Lars** und **Eric**

Larion rum,/russ. Form von Hilarion, von griech. *hilaros*, „heiter"

Larkin mittelalterl. Verkleinerungsform von **Laurence**

Laron neuere Namenskreation, Bedeutung unklar; in der schott. Geschichte gibt es eine geheimnisvolle Insel namens *Laron Eilean*

Lars skand. Form von **Laurentius**

Larsen / Larson nach einem skand. Nachnamen, „Sohn von **Lars**"

Lasse skand./finn. Kurzform von **Laurentius**

Laurean rum. Form von **Laurentius**

Laurel engl., von lat. *laurus*, „Lorbeer"

Laurenz / Laurens dt./niederl. Formen von **Laurentius**

Laurent / Laurentin frz. Formen von **Laurentius**

Laurentius nach einem röm. Beinamen, „von Laurentius", einer Stadt im antiken Italien, deren Namen wiederum vermutl. von *laurus*, „Lorbeer" abgeleitet wurde

Lauri finn. Form von **Laurentius**

Laurin vermutl. von lat. *laurinus*, „mit Lorbeer gekrönt"; Name eines Zwergenkönigs mit einem wunderschönen Rosengarten aus der alpenländischen Sage

Lauris lett. Form von **Laurentius**

Lauritz dän./norweg. Form von **Laurentius**

Lawin / Lavin kurd. „kleiner Junge"

Lawrence / Laurence / Laurance engl. Formen von **Laurentius**

Lawson nach einem engl. Nachnamen, „Sohn von **Lawrence**"

Layton nach einem engl. Nachnamen

Lazar slaw. Form von **Lazarus**

Lazarus griech. Variante des hebr. Namens *'El'azar*, „Mein Gott hat geholfen"

Lean port./span./ital. Kurzform von **Leandro**
Leander latinisierte Form von **Leandros**
Leandro ital./span./port. Form von **Leandros**
Leandros griech. „Löwen-Mann"
Leevi finn. Form von **Levi**
Leonid russ. Form von **Leonidas**
Leonidas von griech. Leon, „Löwe"
Leano / Liano ital. Kurzformen von **Leandro** bzw. **Eliano**
Ledion alban. „liebkosen"
Leeve fries. Kurzform von Namen, die mit Lieb-, Liev-, Lev- oder Lew- beginnen
Legolas sindarin „grüne Blätter"; Name einer Romanfigur in J. R. R. Tolkiens „Der Herr der Ringe"
Leif schwed./norweg./dän.; von altnord. *leifr*, „Nachkomme"
Lejan span. Kurzform von **Alejandro**
Leland nach einem engl. Nachnamen
Lemuel hebr. „zu Gott gehörend"
Lennard / Lenard / Lennart engl./schwed. Formen von **Leonhard**
Lennert dt. Kurzform von **Leonhard**
Len / Lenn / Lenni / Lenny Kurzformen von **Leonhard** und seinen Varianten
Lennis engl., evtl. eine moderne Kombination aus den Namen **Leonard** und **Dennis**
Lennon nach einem schott. Nachnamen, „Nachfahren des Leannán (des Geliebten)"
Lennox nach einem schott. Nachnamen
Leno port. Kurzform von Heleno und Eleno
Lenz dt. Kurzform von **Lorenz**
Leo lat. „Löwe"; Kurzform von Namen, die mit Leo- beginnen
Leobin von ahd. *liob*, „lieb, wert, teuer"
Leolin walis. Variante von **Llewelyn**
Leon griech. „Löwe"
Léon frz. Form von **Leon**
Leonard engl./niederl. Form von **Leonhard**

Leonardo ital. Form von **Leonhard**

Leonas litauische Form von **Leon**

Léonce frz. Variante von *Leontios*, von griech, *leon*, „Löwe"

Leonhard germ. „mutiger Löwe"

Leonid russ./ukrain. Form von **Leonidas**

Leonidas von griech. *leon*, „Löwe"

Leopold Variante des germ. Namens *Luitpold*, Bedeutung in etwa „Volkes Mut"; später wurde der Anfang des Namens durch das lat. *leo*, „Löwe" ersetzt

Leroy engl.; von frz. *le roi*, „der König"

Lestat Name einer Romanfigur in Anne Rices „Vampirchroniken"

Lev russ. „Löwe"

Levan georg. Form von **Leon**

Levent türk., Bedeutung vermutl. „von Übersee kommend"

Levente ung., Bedeutung unklar

Levi / Lewi hebr. „verbunden"

Levian nordd. Erweiterung von **Levin**

Levin / Lewin nach einem engl. Nachnamen, dieser wurde vom angelsächs. Namen *Leofwine* „lieber Freund" hergeleitet; auch als Erweiterung von **Levi**

Levon germ. „Löwe"; armen. Form von **Leon**

Lewis mittelalterl. Engl. Form von **Louis**, Bedeutung siehe **Ludwig**

Lex niederl. Kurzform von **Alexander**

Lexian moderne Variante von **Alexander**

Liam irische Kurzform von **William**

Lian / Lyan dt. Kurzformen von **Julian**

Lias dt./schwed. Kurzform von **Elias**

Libor tschech. Form des röm. Namens Liberius, von lat. *liber*, „frei"

Lijan alban. Kurzform von **Julian**

Lilio ital. männl. Form von Lilia, nach der gleichn. Blume

Lillo span./ital. Kurzform von **Manuel** oder Livio

Limar Variante von **Lamar**

Linas lit. Form von **Linus**

Lincoln nach einem engl. Nachnamen, dieser wiederum stammt von einem Ortsnamen, „See-Kolonie"

Lino ital./span./port. Form von **Linus**

Linus dt./skand. Form des griech. Namens Linos, „Flachs"

Lio isl. Variante von **Leo**

Lion moderner hebr. Name, er bedeutet „meine Stärke"

Lionel / Leonel frz./engl.; frz. Verkl.form von **Léon**

Lirian / Lyrian alban. „Freiheit"

Liridon alban. „der Freiheitswille"

Liron / Leron hebr. „Freude für mich"

Llewellyn nach einem Nachnamen, von walis. *llew*, „Löwe"

Llewyn walis. „Löwe"

Lloyd engl., von walis. *llwyd*, „grau"

Logan nach einem schott./engl. Nachnamen

Loïc breton. Form von **Louis**

Lois galiz. Form von **Ludwig**

Loke skand. Variante von **Loki**

Loki Name eines Gottes aus der nord. Mythologie

Loomis nach einem engl. Nachnamen

Loran / Lorian alban. Formen von **Lorenz**

Loras Figur in der Fernsehserie *Game of Thrones*

Lorcan irisch „kleiner Feuriger"

Lorenz deutsche Variante von **Laurentius**

Lorenzo ital./span. Form von **Laurentius**

Lorik alban. „Wachtel"

Lorin engl. Variante von **Lawrence**, rätoroman. Form von Laurentius

Loris ital. Kurzform von **Lorenzo**

Louan Kurzform von **Elouan**, bret. „Licht"

Louis frz. Form von **Ludwig**

Louison frz. Verkleinerungsform von Louis

Lounis / Lounes / Lunis arab. „angenehmer Begleiter"

Loris ital. Kurzform von **Lorenzo**

Loup frz., von lat. *lupus*, „Wolf"

Love gespr. „Lo-We", schwed. Form von **Ludwig**

Lovis niederdt. Form von **Ludwig**

Lovre / Lovro kroat./slowen Kurzformen von Lovrenco (**Laurenz**)

Luan alban. „Löwe"; alban. Form von **Leon**

Lubin frz. Form von **Leobin**

Luc frz. Form von **Lukas**

Luca / Luka dt./südeurop./slaw. Varianten von Lukas

Lucan nach dem röm. Beinamen *Lucanus*, „aus Lucca"

Lucian / Lukian röm. Familienname, der von **Lucius** hergeleitet wurde

Luciel moderne Namenskreation für den gefallenen Engel Luzifer

Lucien frz. Form von **Lucian**

Lucius röm. Vorname, nach lat. *lux* „Licht"

Ludo niederl. Kurzform von Ludovicus oder Ludolf

Ludwig von germ. *hlud*, „berühmt" und *wig*, „Schlacht"

Luis span. Form von **Ludwig**

Lukas / Lucas von griech. *Loukas*, „aus Lucania", einer süditalienischen Provinz

Luke engl. Kurzform von **Lucas**

Lunas moderne männl. Variante von *Luna*, „der Mond"

Lutz dt. Kurzform von **Ludwig**

Luuk niederl. Form von **Luke**

Lux lat. „Licht"

Lydian / Lidian skand., männl. Form von Lydia, griech. „aus Lydia"

Lyndon / Lynton nach engl. Nachnamen

Lysander griech. „freier Mann"

Maarten niederl. Form von **Martin**
Maas niederl. Kurzform von **Thomas**
Mabon walis. „Sohn"
Madai hebr., nach dem Namen eines alten iranischen Volkes
Maddox nach einem walis. Nachnamen
Maël frz. Form des bret. Namens Mael, „Prinz"
Magnus lat. „der Große"
Maik / Meik niederl. Form von **Mike**
Mak kroat. Mohnblume
Makai hawaii. „zum Ozean strebend"
Makani hawaii. „Wind"
Mailo / Meilo von ahd. *mahilo*, „Zweitgeborener"
Malachias griech. Form von hebr. *Mal'akhiy*, „mein Bote"
Malachy / Malachi engl. Formen von **Malachias**
Malakai engl. Variante von **Malachi**
Malik arab. „König"
Malon hebr. „Herberge"
Malook / Malouk / Maluk afghan. „liebenswert"
Malte / Malthe dän./schwed./dt. Kurzform von *Helmold*, germ *helm*, „Helm" und *wald*, „Gesetz"
Malvin engl. Variante von **Melvin**
Manes hebr. Kurzform von **Emanuel**, „Gott ist mit uns"
Mani ind. „Juwel"; Name eines pers. Propheten, des Begründers des Manichäismus

Manish ind. „Weisheit"

Mannes niederl. Kurzform von Herrmann

Manoa / Manoé frz., von hebr. „Ort der Ruhe"

Manolo span. Kurzform von **Manuel**

Manu Sanskrit „weise"

Manuel span./port. Kurzform von Emmanuel, von hebr. „Gott ist mit uns"

Marat russ./frz. Nach dem frz. Revolutionär Jean-Paul Marat

Marc / Mark Kurzform von **Markus**

Marcas gäl. Form von **Mark**

Marcel frz. Form von Marcellus, einer Verkleinerungsform von **Markus**

Marcelin / Marcellin / Marcelino frz./span., nach dem röm. Familiennamen Marcelinus

Marco / Marko ital./osteurop. Varianten von **Markus**

Marcos span./port. Form von **Markus**

Marek tschechoslowak./poln. Form von **Mark**

Marian rum./poln./tschech. Kurzform von **Marianus**

Mariano ital./span./port Form von **Marianus**

Marianus röm. Familienname, von **Marius** abgeleitet

Marik moderne Variante von **Malik**

Marin frz./serbokroat. Form von **Marinus**

Marino ital./span. Form von **Marinus**

Marinus röm. Familienname, entweder vom Namen Marius, oder von *marinus*, „aus dem Meer" hergeleitet

Mario ital./span. Form von **Marius**

Maris lat. „aus dem Meer"

Marius röm. Familienname, entweder von Namen des Kriegsgottes Mars oder von lat. *maris*, „männlich" abgeleitet

Markus / Marcus röm. Vorname, nach dem Kriegsgott Mars

Marley nach einem engl. Nachnamen

Marlin engl. Variante von **Merlin**

Marlo engl. Variante von **Marlowe**

Marlon engl. Bedeutung unklar

Marlowe nach einem engl. Nachnamen
Marouane / Marouan alg. Form des arab. Namens
Marwan, Bedeutung unklar
Mars lat. „männlich"; Gott des Krieges in der röm. Myth.
Marten niederl. Form von **Martin**
Martí katalan. Form von **Martin**
Martim port. Form von **Martin**
Martin nach dem röm. Namen Martinus, dieser
wiederum wurde von Martis, „des Mars" hergel.
Marvin / Marwin ahd. „großer Freund"
Mason nach einem engl. Nachnamen, „Steinarbeiter"
Matas lit. Form von **Matthäus**
Mate georg. Form von **Matthias**
Mathieu / Matthieu frz. Form von **Matthäus**
Matko kroat. Koseform von **Matthias**
Mats / Mads skand. Kurzform von **Mattias**
Matt engl Kurzform von **Matthew**
Matteo / Mateo ital./span. Formen von **Matthäus**
Mattes / Mattis schwed. Kurzformen von **Mattias**
Matti finn. Form von **Matthias**
Mattia / Matia ital./bask. Formen von **Matthias**
Matthäus griech., von hebr. *mattityahu,* „Gottesgeschenk"
Matthes / Matthis / Mathes / Mathis dt. Varianten von
Matthias
Matthew engl. Form von **Matthäus**
Matthias / Mathias / Mattias hebr., Name eines Apostels,
Variante von **Matthäus**
Matthis / Mattis / Mathis / Mathys frz./dt. Varianten
von **Matthias**
Matz Koseform von **Matthias**
Maurice frz./engl. Form von röm. Mauritius, von lat.
Maurus, „dem Dunkelhäutigen"
Mauritz dt. Form von Mauritius
Maurizio ital. Form von Mauritius
Mauro ital. Form von **Maurus**
Maurus lat. „der Dunkelhäutige"
Max Kurzform von Maximilian

Maxen walis. Form von **Maximus**
Maxence frz., vom röm. Namen Maxentius, von
Maximus, „der Größte"
Maxim / Maksim russ. Form von **Maximus**
Maxime frz. Form von **Maximus**
Maximianus lat. Beiname, der von **Maximus** abgel.
wurde
Maximilian vom röm. Namen Maximilianus, der von
Maximus abgel. wurde
Maximin Kurzform des röm. Beinamens Maximinus, der
von **Maximus** abgel. wurde
Maximus lat. „der Größte"; röm. Familienname
Maxon moderne US-amerik. Erweiterung von **Max**
Maxwell nach einem schott. Nachnamen, „Max' Quelle"
Maynard nach einem engl. Nachnamen, von germ.
Meginhard, „tapfere Stärke"
Mayron frz., Bedeutung unklar
Melchior Name eines der drei heiligen Könige
Meldin kroat., Bedeutung unklar
Melis abgel. vom röm. Familienamen Aemilius
Melville nach einem schott. Nachnamen
Melvin nach einem schott. Nachnamen
Meo ital. Vorname aus dem Mittelalter
Merlin engl. Form des walis. Namens Myrddin,
„Meeresfeste"
Mert türk. „tapfer"
Merten dt. Variante von **Martin**
Mervyn / Mervin walis., Bedeutung unklar
Meryn Name einer Figur in der Fernsehserie Game of
Thrones
Metin türk. „stark"
Mian russ. Kurzform von **Ammian**
Micah von hebr. *Micaiah*, „Wer ist Gott gleich?"
Michael Variante von **Micah**
Michal tschechoslowak. Form von **Michael**
Micheal engl. Variante von **Michael**
Michel frz. Form von **Michael**

Mick engl./niederl. Kurzform von **Michael**
Midas griech., Bedeutung unbekannt; Name eines phrygischen Königs, durch dessen Berührung sich alle Gegenstände in Gold verwandelten
Miguel span./port. Form von **Michael**
Mihai rum. Form von **Michael**
Mik dän. Form von **Mick**
Mika finn. Form von **Michael**
Mikael skand. Form von **Michael**
Mike engl. Kurzform von **Michael**
Mikkel dän. Form von **Michael**
Mikko finn. Variante von **Mika**
Miko span. Kurzform von **Miguel**
Milan slaw. „lieb, wertvoll"
Milano nach der gleichnam. ital. Stadt
Milas griech., Bedeutung unklar
Miles engl. Form von **Milo**; lat. *miles*, „Soldat"
Milian bask. Kurzform von **Emilian**
Milo germ., von slaw. „lieb, wertvoll"
Milon griech. „Eibe"
Milos / Milosz südslaw. Kurzform von Namen, die mit Mil- beginnen, von *milu*, „wertvoll"
Milosh / Milosch mittelalterl. slaw. Form von **Milos**
Milot alban., nach einer gleichnamigen Stadt
Milow Variante von Milo, Künstlername eines belg. Sängers
Milton nach einem engl. Nachnamen, „Mühlstadt"
Minas von griech. *mini*, „Mond"
Mino span. Kurzform von **Giacomo** oder **Maximo**
Minos griech., Bedeutung vermutlich „König"
Mio nach der titelgebenden Romanfigur in Astrid Lindgrens „Mio, mein Mio"
Miraj arab. „Ort des Aufstiegs"
Miran vom slaw. Wort *miru*, „Frieden", hergeleitet
Mirek tschech./slowak./poln. Kurzform von Miroslav, „friedlicher Slawe"

Mirko / Mirco serbokroat./slowen. Kurzform von Miroslav

Miro slowen./kroat. Kurzform von Miroslav

Miron rum./russ./bulg. Form des griech. Namens *Myron*, „Duft"

Misha / Mischa / Mischka russ. Verkleinerungsformen von *Mikhail*, siehe **Michael**

Mithra indo-iranisch „Freund, Allianz", Name des Gottes des Lichts und der Freundschaft in der persischen Mythologie

Mithras griech. Form von **Mithra**

Mitja slowen. Verkleinerungsform von **Dimitri**

Mo engl. Kurzform von Namen, die mit Mo- oder Mau- beginnen

Momme fries., Kurzform von Mombert, „schlauer Gedanke"

Montague nach einem frz. Nachnamen, „spitzer Berg"

Moran hebr. „Schneeball-Strauch"

Morgan nach einem walis. Nachnamen

Moritz dt. Form von röm. Mauritius, von lat. *Maurus*, „dem Dunkelhäutigen"

Morris engl. mittelalterl. Form von Maurice

Morten dän./norweg. Form von **Martin**

Moses von hebr. *Mosheh*, „empfangen"

Murphy nach einem irischen Nachnamen

Mylo Variante von **Milo**

Myron griech. „Duft, Parfum"

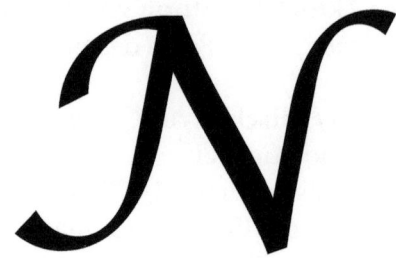

Naël frz. Kurzform von **Gwenaël**
Nalu hawaii. „Welle"
Namir arab. „kleiner Tiger"
Nando span. Kurzform von Hernando, einer mittelalterl. span. Form von **Ferdinand**
Nanuk inuit „Eisbär"
Naoki jap. „gerader Baum"
Naphtali hebr. „mein Streben"
Napoleon frz., nach dem alten ital. Namen Napoleone
Naran mongol. „Sonne"
Narcisse frz. Form von **Narcissus**
Narcissus latinisierte Form von griech. Narkissos, von *narke*, „Schlaf"
Nardo ital. Kurzform von Namen, die auf „nardo" enden (z. B. Bernardo, Leonardo)
Narvik norw. „nördliche Bucht"
Nasir arab. „der Helfende"
Nathan hebr. „Er gab"
Nathanael / Nathaniel hebr. „Gott hat gegeben"
Navid pers. „gute Nachricht"
Navin ind. „neu"
Neal / Neil Varianten des gäl. Namens **Niall**
Nehemiah hebr. „von Yahweh getröstet"
Nelian Kurzform von **Cornelian**

Nelio Kurzform von Cornelio, der span./ital. Form von **Cornelius**

Nello ital., männliche Form von Nella, einer Kurzform von Antonella

Nelson nach einem engl. Nachnamen, „Sohn von Neil"

Nemo lat. „niemand"; Name einer Romanfigur in Jules Vernes „20000 Meilen unter dem Meer"

Nenad serbokroat. „unerwartet"

Neo griech. „neu"

Nepomuk / Nepomuck nach dem Namen eines mittelalter. Heiligen

Neptun nach dem röm. Meeresgott

Nereus nach dem griech. Meeresgott, von *neros*, „Wasser"

Neri mittelalterliche ital. Kurzform von Ranieri (**Rainer**)

Nerian altengl./ahd. „am Leben erhalten"

Nero lat. „stark, mächtig", Name eines röm. Kaisers

Nestor griech. „heimkehren"; Name eines weisen Königs in Homers „Ilias"

Nevan / Nevin anglisierte Formen des schott. Namens *Naomhán*, „kleiner Heiliger"

Neven südslaw. „Ringelblume"

Neville nach einem engl. Nachnamen normannischer Herkunft, frz. „Neue Stadt"

Nevio ital. Form des röm. Familiennamens Naevius, von *naevus*, „Muttermal"

Newton nach einem engl. Nachnamen, „Neue Stadt"

Niall gäl. „Wolke" bzw. „Gewinner"

Nico / Niko Kurzformen von Namen, die mit Nico- oder Niko- beginnen

Nicodemus / Nikodemus griech. „Sieg des Volkes"

Nick engl. Kurzform von **Nicholaus**

Nicola / Nicolo / Niccolò ital. Formen von **Nicolaus**

Nicolai / Nikolai skand./russ. Formen von **Nicolaus**

Nicolas / Nikolas / Nicholas frz./engl. Formen von **Nicolaus**

Nicolaus / Nikolaus lat./dt. Formen des griech. Namens *Nikolaos,* „Sieg des Volkes"; St. Nikolaus war ein anatolischer Bischof aus dem 4. Jh. und gilt als Schutzheiliger der Kinder, der Seefahrer und der Händler.

Niculin rätoroman. Form von **Nicolaus**

Niek niederl. Kurzform von **Nicolaus**

Nigel von lat. *nigellus,* von *niger,* „schwarz"

Niilo finn. Form von **Nicolaus**

Nik engl./griech. Kurzform von **Nicolas**

Nikas lit. Form von **Nicolas**

Nikau maori, nach einer Baumart

Nikita russ., von griech. *niketes,* „Gewinner, Sieger"

Niklas / Niclas dt./schwed. Kurzformen von **Nicolaus**

Nikola slaw. Form von **Nicolaus**

Nil / Nilus von griech. *neilos,* „vom Nil stammend"; Name eines griech. Heiligen aus dem 10. Jahrhundert

Nilam ind. „saphirblau"

Nilan Variante von Nealon, nach dem irischen Nachnamen, O'Niallain, „Nachfahren des kleinen **Niall**"

Nilas finn./sami Kurzform von **Nicolaus**

Nilo estn. Form von **Nils**

Nils / Niels skand. Kurzformen von **Nicolaus**

Ninian schott./irischer Name., von lat. *Niniavus,* Bedeutung unklar

Nino ital. Kurzform von Namen, die auf -nino enden

Niven Variante von **Nevan**

Noah hebr. „Ruhe"; Name des bibl. Erbauers der Arche

Noam / Noan hebr./frz., von hebr. Noam, „Freundlichkeit, Gefälligkeit"

Noar vermutl. alban., Bedeutung unklar

Noël frz. „Weihnachten"

Noel engl. Form von **Noël**

Nofri ital. Kurzform von Onofrio, aus dem Ägyptischen „der gut und glückselig ist"

Nohan arab. „Begeisterung"

Nohr dän. Kurzform von Namen, die mit Nor- beginnen

Nojus lit. Form von **Noah**

Nolan nach einem irischen Nachnamen, „Nachfahren des Noblen"

Norian iran. Nachname, Bedeutung unklar

Norik / Norick nach dem Volk der Noriker

Norman engl., nach einem germ. Beinamen, „Nordmann (Wikinger)"

Norris nach einem engl. Nachnamen

Norton nach einem engl. Nachnamen, „Nordstadt"

Novan ind. „spirituelle Person"

Nuka grönl. „jüngeres Geschwisterkind"

Nuno mittelalterlicher span. Name, evtl. von lat. *nonus*, „der Neunte"

Nyk / Nyck niederl. Kurzform von **Dominik**

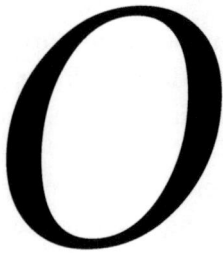

Oberon Name des Elfenkönigs in William Shakespeares „Sommernachtstraum"
Octavian röm. Name, von **Octavius** abgeleitet
Octavius röm. Familiennamen, „der Achte"
Odhran gäl. „kleiner Hellgrüner"
Odilo germ., von *odal*, „Vaterland" bzw. *aud*, „Reichtum" hergeleitet
Odin Name des höchsten Gottes in der nord. Mythologie; andere Form von **Wotan**, von altgerm. *Woðanaz*
Odo germ., von *aud*, Reichtum"
Ödön ung. Form von **Edmund**
Odysseus In der griech. Myth. ist Odysseus einer der Helden, die im Trojanischen Krieg kämpfen; **Homer** beschreibt in seiner Odyssee die Irrfahrt Odysseus' in sein Heimatland.
Oisín gäl. „kleines Reh"
Olaf / Olav skand., vom altnord. *Áleifr*, „Nachkomme des Vorfahren"
Ole / Olle schwed./norweg./dän. Kurzform von **Olaf**
Oleander nach der gleichnamigen Blühpflanze
Oliver von germ. Namen *Alfher*, siehe **Alvar**, oder von altnord. *Áleifr*, siehe **Olaf**
Olivier frz/niederl. Form von **Oliver**

Olympus griech., nach dem höchsten Berg Griechenlands

Onni finn. „Glück"

Orestes griech. „der auf dem Berge Stehende"; Name eines Gottes aus der griech. Mythologie

Oriol katal. „golden"

Orion Name eines unter die Sterne versetzten Jägers aus der griech. Mythologie

Orkan türk. Variante von Orhan, von *or khan*, „großer Anführer"

Orlando ital. Form von **Roland**

Orpheus griech. „die Dunkelheit der Nacht", Name eines Dichters und Musikers, der in die Unterwelt hinabstieg, um seine verstorbene Frau zurückzuholen

Orrin irisch „kleiner Blassgrüner"

Oskar / Oscar dt./engl, vermutl. Aus dem Gälischen, „Freund des Wildes"

Ossian engl. Variante von gäl. *Oisín*, „kleines Reh"

Othello Name der titelgebenden Figur in William Shakespeares Theaterstück „Othello"

Otis mittelalterl. Variante von **Otto**

Otto von germ. *Audo*, „Wohlstand"

Ovid nach einem röm. Familiennamen, Bedeutung unklar

Owain walis. Form von **Eugen**

Owen walis./engl. Form von **Eugen**

Ozzie / Ozzy engl. Kurzform von Namen, die mit Os- beginnen

Paavo finn./estn. Form von **Paul**
Pablo span. Form von **Paulus**
Paco span. Kurzform von Francisco, siehe **Franziskus**
Pacôme frz. Form von Pachomius, griech. „breite Schultern"
Padraig gäl. Form vom **Patrick**
Pagolo mittelalterl. ital. Name, Bedeutung unklar
Pajam / Payam pers. „Botschaft"
Palle dän. Kurzform von **Paul**
Pamir afghan., nach einem Gebirgszug
Pan griech. „Schäfer"; Name eines griech. Gottes, der als halb Mensch, halb Ziegenbock dargestellt wurde
Panju ind. „weich, sanft"
Pankraz dt., von griech. Pancratius, „Allmacht"
Paolo ital. Form von **Paul**
Paris Name des trojan. Prinzen, der die schöne Helena entführte und damit den trojan. Krieg auslöste
Parker nach einem engl. Nachnamen
Pascal von lat. *pascha*, „Ostern"
Pasha / Pascha russ. Kurzform von **Pavel**
Patrice frz. Variante von **Patrick**
Patricio / Patrizio span./ital. Form von **Patrick**
Patrick von lat. Namen *Patricius*, „Edelmann"
Patton nach einem engl. Nachnamen
Pau katalan. Form von **Paul**

Paul Kurzform von **Paulus**
Paulin bask. Form von **Paul,** Kurzform von **Paulinus**
Paulinus lat. Verkleinerungsform von **Paulus**
Paulus lat „der Kleine"
Pavel slaw. Form von **Paul**
Pax lat. „Frieden"
Payton / Peyton nach einem engl. Nachnamen
Pedro span. Form von **Peter**
Peider rätorman. Form von **Peter**
Per / Peer skand. Form von **Peter**
Perseus Name eines Helden aus der griech. Myth.
Pekka finn. Form von **Peter**
Pelle schwed. Verkleinerungsform von **Per**
Pepe / Pepito span. Kurzformen für **Joseph**
Pépin fränk. Name, Bedeutung unklar
Peppin rätoroman. Form von **Pippin**
Percival engl. Name eines Ritters in der Artuslegende
Percy engl. Kurzform von **Percival**
Perttu finn. Form von **Bartholomäus**
Peter von griech. *petros,* „**Stein**"
Petja / Petya finn./russ. Verkleinerungsformen von
Pyotr, der russ. Form von **Peter**
Phil engl. Kurzform von Namen, die mit Phil- beginnen
Phileas Bedeutung unklar. Name eines christl. Märtyrers;
Name einer Romanfigur aus Jules Vernes' „In dreißig
Tagen um die Welt"
Philipp dt. Form des griech. Namens *Philippos,* „Der
Pferdefreund"
Phineas biblischer Name vermutl. ägyptischer Herkunft,
„der Nubier"
Phoenix nach dem Namen eines unsterblichen Vogels
aus der griech. und ägypt. Mythologie
Pierce / Pearce nach einem engl. Nachnamen, hergel. von
Piers
Pierre frz. Form von Peter
Piers engl./frz.; mittelalterliche Form von **Peter**
Piet niederl. Kurzform von **Pieter**

Pieter niederl. Form von **Peter**
Pietro ital. Form von **Peter**
Pim niederl. Kurzform von **Willem**
Pinkas Variante von **Phineas**
Pio ital./port. Form von **Pius**
Pippin germ. Form von **Pépin**; Name einer Romanfigur in J. R. R. Tolkiens „Der Herr der Ringe"
Pippo ital. Koseform von Philippo (**Philipp**)
Pirmin Bedeutung unklar; Name eines Mönchs und Missionars aus dem 8. Jh.
Pit limburg. Kurzform von **Pitter**
Pitter limburg. Form von **Peter**
Pius lat. „der Fromme"
Plato / Platon griech, „der Breitschultrige"
Pontius röm. Familienname, bedeutet vermutl. „der Fünfte"
Pontus skand. Form von **Pontius**
Poseidon der Gott des Meeres in der griech. Myth.
Primus lat. „der Erste"
Prokop griech. „Erfolg, Fortschritt"
Puck Name eines neckischen Geistes, Figur im Theaterstück „Der Sommernachtstraum" von William Shakespeare

Qadir arab. „mächtig"
Quentin frz. Form des röm. Namens *Quintinus*, der wiederum von **Quintus** abgel. wurde
Quill engl. Kurzform von *aquila*, lat. „Adler"
Quim port. Kurzform von **Joaquim**
Quincy nach einem engl. Nachnamen
Quinn / Quin nach dem irischen Nachnamen *Ó Cuinn*, „Nachfahren des Conn", des Oberhaupts
Quinten niederl. Form von **Quentin**
Quintus röm. Beiname, „der Fünfte"
Quirin Kurzform vom röm. Namen Quirinus, von lat. *quiris*, „Speer"

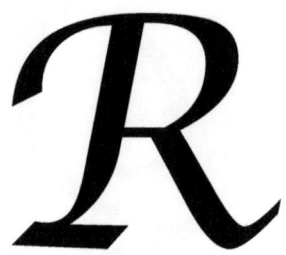

Raban von ahd. *hraban,* „Rabe"
Raffaele / Raffaello ital. Formen von **Raphael**
Ragnar skand. Form von **Rainer**
Rahul ind. „fähig"
Raidon Name des myth. jap. Donnergottes
Raik / Reik fries. Kurzformen von **Richard**
Raimo / Reimo finn./estn. Form von Raymond
Rain estn. Form von **Rayner;** engl. „Regen"
Rainer / Rayner / Reiner vom germ. Namen *Raganhar,*
von *ragin,* „Rat" und *hari,* „Armee"
Raj / Raja ind. „König, Herrscher"
Raju ind. Variante von **Raja**
Rakesh ind. „Herr des Vollmonds"
Ralf / Ralph Kurzform von Radulf, von altnord. *rad*
„Rat" und *ulfr,* „Wolf"
Ramias rätoroman., Bedeutung unklar
Ramun rätoroman. Form von Raimund, siehe **Ramon**
Ramon katalan. Form von Raimund, von germ. *agin*
„Rat" und *mund* „Beschützer"
Ramsay Figur in der Fernsehserie *Game of Thrones*
Raphael / Raffael / Rafael hebr. „Gott hat geheilt"
Rashid arab. „Der Rechtgeleitete"
Rasmus skand. Form von **Erasmus**
Rasoul / Rasul arab. „Prophet"
Raven engl. Variante von **Raban**

Ravi ind. „Sonne"
Ravin ind. Variante von **Ravi**
Rayan arab. „üppig, gesättigt"
Raymond engl./frz. Form des germ. Namens *Raginmund*, von *ragin*, „Rat", *mund*, „Bewahrer"
Redouane arab./maghreb. „Zufriedenheit"
Reese walis. Variante von **Rhys**
Reiko jap. „Dankbarkeit" bzw. „entzückendes Kind"
Reimo estn. Form von Reimund, siehe **Raymond**
Rémi / Remy frz. Form von Remigius, von lat. *remigis*, „Ruderer"
Remo ital. Form von **Remus**
Remus in der röm. Legende gründeten die Zwillingsbrüder Romulus und Remus die Stadt Rom
Renaud frz. Form des germ. Namens *Raginwald*, von *ragin*, „Rat", *wald*, „Regel"
René frz. Form von *Renatus*, lat. „wiedergeboren"
Reno ital. Kurzform von Namen, die auf -reno enden
Reto schweiz., „von Rhaetia"
Reuben hebr. „Siehe, ein Sohn"
Rex lat. „König"
Rezo georg. Kurzform von Revaz, von pers. „wohlhabend, erfolgreich"
Rhys walis. „Enthusiasmus"
Ricardo / Riccardo span./port./ital. Formen von **Richard**
Richard germ. „tapfere Stärke"
Rick engl. Kurzform von Richard
Rico span. Kurzform von **Ricardo**
Rik / Riek niederl. Kurzform von **Hendrik**
Riley / Rylee / Ryleigh / Rylie nach einem irischen bzw. engl. Nachnamen
Rinaldo ital. Form des germ. Namens *Raginwald*, von *ragin*, „Rat", *wald*, „Regel"
Ringo nach einem engl. Nachnamen, „Ringmacher"
Rino ital. Kurzform von Namen, die auf -rino enden
Rio span./port. „Fluss"
Rishi ind. „Der Weise, der Seher"

River engl. „Fluss"

Robert vom germ. Namen *Hrodebert*, „großer Ruhm"

Roberto ital./span./port. Form von **Robert**

Robin engl. mittelalterl. Kurzform von **Robert**

Roc span. Form von **Rocco**

Rocco ital./dt., von germ. *hrok*, „Rast" hergeleitet

Rochus niederl./dt.; latinisierte Form von **Rocco**

Rocky Verkleinerungsform von **Rocco**

Rodin nach einem berühmten frz. Bildhauer

Rodney nach einem engl. Nachnamen, „Hrodas Insel"

Roel niederl. Kurzform von **Roland**

Roger / Rutger eng./dt., von germ. *hrod*, „Ruhm" und *ger*, „Speer"

Rohan ind. „der Aufsteigende"

Rohit ind. „der Rote"

Roi hebr. „mein Hirte"

Rok slowen. Form von **Rocco**

Roland frz./dt., von germ. *hrod*, „Ruhm" und *land*, „Land"

Rolf dt./skand. Kurzform von **Rudolf**

Rollo latinisiert von *Roul*, der altfrz. Form von **Rolf**

Romain frz. Form von Romanus, siehe **Roman**

Roman Kurzform von Romanus, lat. „der Römer"

Romeo ital. Form des lat. Namens Romaeus, „der nach Rom pilgert"

Romulus in der röm. Legende gründeten die Zwillingsbrüder Romulus und Remus die Stadt Rom

Ron engl. Kurzform von Ronald; hebr. „Freude"

Ronald schott. Form des germ. Namens *Raginwald*, von *ragin*, „Rat", *wald*, „Regel"

Ronan anglisierte Form des irischen Namens Rónán, „kleiner Seehund"

Ronin Variante von **Rónán**

Roque span./port. Form von **Rocco**

Rory Anglisierte Form von **Ruaidhrí**

Roscoe nach einem engl. Nachnamen, altnord. „Rickenwald"

Roshan pers. „hell, leuchtend"
Rostam Names eines pers. Kriegerhelden
Rowan nach dem irischen Nachnamen *Ó Ruadháin,*
„Nachkommen von Ruadhán"
Ruaidhrí irisch „roter König"
Ruben von hebr. Reuben, „Siehe, ein Sohn"
Rudi Kurzform von **Rudolf**
Rudolf von germ. *hrod,* „Ruhm" und *wulf,* „Wolf"
Rufus lat. „der Rothaarige"
Rui / Ruy mittelalterl. span./port. Form von Rodrigo,
von germ., *hrodric* „berühmter Anführer"
Rumen bulg./mazedon. „der Rotwangige"
Runar moderne Neuschöpfung aus den altnord.
Elementen *run,* „Geheimlehre" und *arr,* „Krieger"
Rune altnord. „geheime Überlieferung"
Rupert dt. Variante von **Robert**
Ruslan russ. Kurzform von Yeruslan, wie Alexander
Pushkin ihn in seinem Gedicht „Ruslan und Ludmila"
benutzte
Ruven / Ruwen / Rouven / Rouwen moderne Varianten
von **Ruben**
Ryan nach einem irischen Nachnamen, *Ó Riain,*
„Nachfahren von Rían" (des „kleinen Königs")
Ryder nach einem engl. Nachnamen, von altengl. *ridere,*
„Ritter"
Ryker nach einem deutschen Nachnamen („Riker", bzw.
„Reicher")

Sabri arab. „Geduld"
Sabrael / Sabriel bibl. **Name** eines Engels
Sacha frz. Form von **Sascha**
Sakias vermutl. eine Variante des Mädchennamens Saskia
Salai nach einem Schüler Leonardo da Vincis
Salim arab. „sicher"
Salman arab. „Sicherheit"
Salomo niederl. / dt. Form von **Salomon**
Salomon drz. / skand. Form des hebr. Namens *Shelomoh*, von *shalom*, „Frieden"
Salvador / Salvatore span. / ital. Formen des lat. Namens Salvator, „Erretter, Erlöser"
Sam / Sammy engl. Kurzformen von **Samuel**
Samael / Samiel Name eines Erzengels, der sich von Gott abwandte
Sami arab. „erhöht"; finn. Kurzform von **Samuel**
Samir arab. „Gefährte zur abendlichen Unterhaltung"
Samu ung. / finn. Form von Samuel
Samuel vom hebr. Namen *Shemu'el*, „Gott hat gehört"
Sander skand. / niederl. Kurzform von Alexander
San-Diego nach der US-amerik. Stadt
Sandro ital. Kurzform von **Alessandro**
Sanel kroat., von lat. *sana*, „gesund"
Saniel vermutl. eine Weiterbildung von **Sanel**

Sanjay ind. „erfolgreich, triumphierend"
Santiago span. „Sankt Jakob"
Santos span. „die Heiligen"
Sariel hebr. „Befehl Gottes"
Sarosh pers. „gehorsam"
Sascha / Sasha ukrain./russ. Verkleinerungsform von **Alexander**
Sassan pers. Name des Ahnherrn der Sasaner, ein großer Krieger und Jäger
Sasuke jap. „Helfer, Retter"
Saul hebr. „um etwas beten"
Savin slaw. Form des röm. Beinamens Sabinus, für einen Sabiner aus Zentralitalien
Sawyer nach einem eng. Familiennamen „Holzsäger"
Scott nach einem engl./schott. Nachnamen, „der Schotte"
Séamus irische Form von **James**
Sean / Séan gäl. Form von **John**
Seb Koseform von **Sebastian**
Sebastian vom lat. Namen *Sebastianus*, „von Sebaste"
Secundus lat. „der Zweite"
Sem / Shem hebr. „Name"; Name eines der Söhne Noahs im Alten Testament
Senán gäl. „kleine alte Person"
Senna nach einer Pflanzenart mit gelben Blüten
Sepp bayr. Kurzform von **Joseph**
Seppe fläm. Koseform von **Sebastian**
Septimus lat. „der Siebte"
Serdar türk. Form von pers. *Sardar*, „Anführer"
Sergius röm. Familienname, bedeutet vermutl. „Diener"
Seth Name des ägypt. Gottes der Wüste und des Chaos
Severin dt./skand. Form von Severinus, eines röm. Familiennamens, der von **Severus** hergel. wurde
Severus röm. Familienname, von lat. „ernst, streng"
Shahid / Shaheed arab. „Zeuge"
Shahin arab. „Wanderfalke"
Shane / Shayne irisch/engl., angl. Form des gäl. **Séan**

Shaun / Shawn angl. Form des gäl. **Séan**, dies wiederum ist die irische Form von **John**

Shay / Shea anglisierte Formen von irisch *Séaghdha*, „bewundernswürdig"

Sheldon nach einem engl. Nachnamen, eine altengl. Ortsbezeichnung, „Tal mit steilen Hängen"

Shia hebr. „Geschenk Gottes"

Shiloh hebr. „ruhig"

Shinichi jap. „der Wahre"

Şivan / Shivan / Sivan kurd. „Schäfer"

Sial afgh./pashto „Wettkämpfer"

Sidney / Sydney nach einem engl. Nachnamen

Silas engl./griech. Kurzform des röm. Namens Sylvanus, von lat. *silva*, „Wald"

Silvan rätoroman., Kurzform von **Silvanus**

Silvanus von lat. *silva*, „Wald"

Silvester / Sylvester „aus dem Wald"; nach einem röm. Namen

Silvio ital./span./port. Form des röm. Namens Silvius, von lat. *silva*, „Wald"

Simion rum. Form von **Simeon**

Simeon alttestamentarische griech. Form von **Simon**

Simon biblischer Name, von hebr. Shim'on, „Er hat gehört"

Sinan arab. „Speerspitze"

Sindri altnord. „klein, glitzernd"

Sirius von griech. *seirios*, „brennend"; Name eines hellen Sterns in der Konstellation Canis Major

Sixten nach dem altnord. Namen *Sigsteinn*, von *sigr* „Sieg" und *steinn*, „Stein" abgel.

Sixtus lat. „der Sechste"

Skyler / Skylar nach einem niederl. Nachnamen, „Schüler"; klanglich angelehnt an **Sky** und **Tyler**

Sofian arab. (maghrebin.) Form von Sufyan, Bedeutung unklar

Solal frz., Bedeutung unklar, evtl. eine Abwandlung von *soleil*, „Sonne"

Sören schwed./dt. Schreibweise von Søren, der norweg./dän. Form von **Severinus**

Snorri / Snorre isl./norweg., von altnord. *snerra*, „Angriff"

Sokrates Name eines antiken Philosophen

Solomon engl. Form von **Salomon**

Sonnwin / Sonwin ahd. „Sonnenfreund"

Sonny engl. Kosename „Kleiner / kleiner Sohn"

Sorin rum. „Sonne"

Spyridon von griech. *spyridion*, „Korb", oder lat. *spiritus*, „Geist"

Spyro griech. Kurzform von **Spyridon**

Stannis Figur in der Fernsehserie *Game of Thrones*

Stef niederl. Kurzform von **Stefan**

Stefan / Stephan griech. „Krone"

Steffen plattdt./dän. Form von Stefan

Sten skand./niederl., von altnord. *Steinn*, „Stein"

Stephen / Steven engl. Formen von **Stefan**

Steve engl. Kurzform von **Steven**

Stewart engl./schott. Variante von **Stuart**

Stig skand., von altnord. *stigr*, „Pfad"

Storm engl. „Sturm"

Stuart engl/schott. Nachname

Styrmir altnord. „starker Wind"

Sunan thai „sanft sprechen"

Suraj ind. „Sonne"; Name des hind. Sonnengottes

Svante schwed. Kurzform von Svantepolk, von slaw. „Gesegnetes Volk"

Sven skand./niederl./dt., vom altnord. Beinamen *Sveinn*, „Junge"

Sverre norweg., vom altnord. Namen *Sverrir*, „schwingend"

Sylvain frz. Form des röm. Namens Sylvanus, von lat. *silva*, „Wald"

Sylvian frz. Form von **Sylvanus**

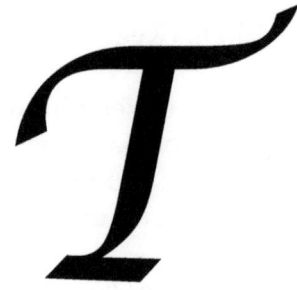

Taavi estn./finn. Form von **David**
Tadashi jap. „richtig"
Taddeo ital. Form von **Thaddeus**
Tadeas tschech. Form von Thaddeus
Tadesse amhar. „wiedererweckt"
Taha arab.; die Lettern „Ta" und „ha" leiten die 20. Sure des Koran ein
Takeshi jap. „kämpferisch"
Talasi nordamerik./indian./hopi „Kornblume"
Talbot nach einem engl. Nachnamen
Talin rätoroman., männl. Form von Talina, einer Variation von Natalie, hergel. von lat. *Natale Domini*, „Die Geburt des Herrn", gleichbedeutend mit „Weihnacht"
Talmai hebr. „runzelig"
Talon engl., hergel. von lat. *talus*, „Sprungbein"
Tamati Maori-Variante von **Thomas**
Tamino von griech. *tamas*, „Meister"; Name einer Figur in Mozarts Oper „Die Zauberflöte"
Tamme / Tammo fries. Kurzformen von Namen, die mit Thank- beginnen
Tamlin / Tamlyn ein Name aus einer schott. Ballade, *Tam Lin* wurde von der Elfenkönigin entführt
Tamryn US-amerik. Kurzform von Tameron, einer Variante von **Cameron**
Tane polynes./maori „Mann"

Taneli finn. Form von Daniel
Tanguy frz., vom alten breton. Namen *Tanki*,
„Feuerhund"
Tanim arabisch „Meereswelle"
Tankred norm. Form von ahd. *Thancrad*, „Dank-Rat"
Tanner nach einem engl. Nachnamen
Taran walis. „Donner"
Taras ukrain./russ. Form von griech. *Tarasios*, „aus
Taras", einer Stadt in Italien
Tarek / Tarik arab. „der an die Tür klopft"; arab. Name
des Morgensterns
Tarkan türk. „wagemutig"; nach dem Namen eines
chasarischen Königs
Taro jap. „großer Sohn"
Tarquin engl. nach dem röm. Namen Tarquinius,
Bedeutung unklar
Tashi tibet. „Glück"
Tassilo / Thassilo dt. Verkleinerungsform von **Tasso**
Tasso mittelalterlicher dt. Name, von lat. *taxus*, „Eibe"
Tatton nach einem engl. Nachnamen, „Tatas Stadt"
Tatu finn., Kurzform von **Taneli**
Tatum nach einem engl. Nachnamen „Tatas Heimstatt",
auch als weibl. Vorname gebräuchlich
Tavish anglisierte Form des schott. Namens *Thàmhais*,
der schott. Form von **Thomas**
Tayfun türk. „Wirbelsturm"
Taylan türk. „hochgewachsen"
Taylor / Tayler nach einem engl. Nachnamen,
„Schneider"
Tayo nigerian./yoruba „Glück"
Teagan nach einem irischen Nachnamen, „Nachfahren
von Tadhg", des Dichters
Teemu finn. Form von **Nicodemus**
Tell nach dem legendären schweizerischen
Freiheitskämpfer Wilhelm Tell
Teman hebr. „rechte Hand"
Temuri georg. Form von **Timur**

Tendai südafrik./shona „Dankbarkeit"

Tennyson nach einem engl. Nachnamen „Sohn des Dennis"

Tenzin tibet. „Bewahrer des Wissens"

Teo span. Kurzform von **Theodor**

Terence / Terrance engl. Formen des röm. Namens Terentius, Bedeutung unbekannt

Tertius lat. „Der Dritte"

Tevin moderne Namenskreation, klanglich an **Kevin** angelehnt

Thaddai aram. „Herz"; bzw. Form von **Theodor**

Thaddeus / Taddeus griech Form von **Thaddai**

Thales griech. „erblühen"; Name eines antiken Mathematikers und Philosophen

Theo Kurzform von **Theodor**

Theobald germ. „Mutiges Volk"

Théoden altengl. „König", Name einer Romanfigur in J. R. R. Tolkiens „Der Herr der Ringe"

Theodor dt. Form des griech. Namens Theodoros, „Geschenk Gottes"

Theon Figur in der Fernsehserie *Game of Thrones*

Theron von griech. *therao*, „jagen"

Thibault frz. Form von **Theobald**

Thiemo Kurzform von Namen, die mit Diet- beginnen

Thierry frz. Form von *Theodoric*, germ. „Herrscher des Volks", die deutsche Form ist Dietrich

Thijs / Theis / Thies / Thees niederl./dt. Kurzformen von Matthijs, bzw. von **Matthias**

Thilo / Tilo dt. Kurzform von Namen, die mit Diet-beginnen

Thomas griech., vom aram. Namen *Ta'oma'* „Zwilling"

Thor Name des altnord. Donnergottes

Thorbjörn / Torbjörn schwed., von altnord. „Thors Bär"

Thore / Tore schwed./norweg./dän. Form von altnord. *Thorir*, „Thors Krieger"

Thorin entlehnt von **Thor**, Name einer Romanfigur in J. R. R. Tolkiens „Der Herr der Ringe"

Thorsten / Torsten schwed./dän./dt., von altnord. *Thorsteinn*, „Thors Stein"

Thulani südafrik./zulu „getröstet sein"

Thure schwed. Form von altnord. *Thorir*, „Thors Krieger"

Tiago / Thiago port. Kurzform von **Santiago**

Tian / Tijan slowen. Variante von *Tihomir*, „ruhige Welt"

Tiberius röm. Beinamen, lat. „vom Tiber"

Tibor ung./tschechoslowak., abgel. vom röm. Beinamen Tiburcus, „aus Tibur", aus Tivoli

Tidiane frz., abgel. von *Tijaniyyah*, ein Anhänger einer sufistischen Glaubensrichtung

Tigran armen. Name von mehreren Königen

Tilen slowen. Form von Aegidius, von griech. *aigidion*, „junge Ziege"

Till alte deutsche Kurzform von Namen, die mit Diet-beginnen

Tillmann / Tillman / Tilman Kombination aus dem Namen **Till** und der Nachsilbe -man

Tilon bibl. Name aramäischer Herkunft, unklare Bedeutung

Tim dt./engl. Kurzform von **Timotheus** oder **Timothy**

Timaël modern frz. Kombination aus den Namen **Tim** und **Maël**

Timaeus latinisierte Form des griech. Namens *Timaios*, von griech. *timaeo*, „ehren"

Timéo / Tymeo frz. Form von **Timaeus**

Timm niederdt./fries. Verkürzung des Namens **Thiemo**

Timo niederl/dt. Variante von **Thiemo**

Timon bibl. Name, von griech. *timaeo*, „ehren"

Timotheus latinisierte Form des griech. Namens *Timotheos*, „Ehre Gott"

Timothy engl. Form von **Timotheus**

Timur türk. „Eisen"

Tin kroat. Kurzform von Namen, die auf –tin enden

Tino ital. Kurzform von Namen, die auf -tino enden

Tiras hebr. „Wunsch"

Tirian Name einer Romanfigur in C. S. Lewis'
„Chroniken von Narnia", Variante von **Tyrian**
Tito ital. Form von Titus
Titou frz. Koseform von **Antoine**
Titouan Koseform von **Titou**
Titus röm. Vorname, Bedeutung unklar
Titian / Tizian Kurzform des röm. Beinamens Titianus,
von **Titus** hergeleitet
Tiziano ital. Form von Titianus
Tjark fries. Kurzform von Tjarderik, einer Variante des
germ. Namens Theoderich, „Herrscher des Volks"
Tobias griech. Form von hebr. *Toviyyah*, „Yahweh ist
gut"
Tobin nach einem engl. Nachnamen
Tobit griech. Form des hebr. Namens *Tovih*, „mein Gott"
Todd nach einem engl. Nachnamen, von mittelengl. *todd*,
„Fuchs"
Toivo finn. „Hoffnung"
Tolga türk. „Helm"
Tom / Tommy / Tommie engl. Kurzformen von **Thomas**
Tomé port. Form von **Thomas**
Tomi finn./ung. Kurzform von **Thomas**
Tomke niederl./fries. Kurzform von **Tamme, Thomas**
oder **Dominik**
Tomor alban. Der Vater aller Götter und Menschen in
der alban. Mythologie
Toni / Tony dt./engl. Kurzformen von **Anton / Anthony**
Tonio ital. Kurzform von **Antonio**
Torben / Thorben dän./dt. Form von **Thorbjörn**
Torger norweg., von altnord. *Thórgeirr* „Thors Speer"
Torleif norweg., vom altnord. Namen *Thórleifr*,
„Abkömmling Thors"
Torin irisch „Oberhaupt"
Torstein / Thorstein norweg. Form von **Thorsten**
Toshio jap. Name mit verschiedenen
Deutungsmöglichkeiten, z. B. „agiler Mann",
„scharfsinniger Mann", oder „annehmliches Leben"

Trajan röm. Beiname, Bedeutung unklar

Travis, nach einem engl. Nachnamen, von frz. *traverser*, „überqueren"

Trent Bez. für jemanden, der in der Nähe des Flusses Trent in England lebte

Trenton nach einem engl. Nachnamen, „Trents Stadt"

Trevor nach einem walis. Familiennamen, „großes Dorf"

Tristan altfrz. Form des pikt. Namens *Drustan*, und angelehnt an lat. *tristis*, „traurig"

Trond nach dem altnord. Beinamen *thróndr*, „aus Trøndelag stammend"

Troy nach einem engl. Nachnamen, „aus (dem frz.) Troyes stammend"

Trym von altnord. „Lärm, Aufruhr"

Tucker nach einem engl. Nachnamen, „einer, der Kleider plättet"

Tudor walis. „Herrscher"

Tulani / Thulani südafrik./zulu „getröstet sein"

Turin Name einer Romanfigur in J. R. R. Tolkiens „Silmarillion"

Tybalt / Tibald / Tebald mittelalterliche Formen von **Theobald**

Tychon / Tycho altgriech. „auf den Punkt treffen"

Tyler nach einem engl. Nachnamen, „Dachdecker"

Tyr Gott des Krieges und der Gerechtigkeit in der nord. Mythologie

Tyrell nach einem engl. Nachnamen

Tyrian abgel. von lat. *Tyrianus*, „aus Tyros", einer Stadt im heutigen Libanon

Tyrion Figur in der Fernsehserie *Game of Thrones*

Tyrone / Tyron Name einer irischen Grafschaft

Tyson nach einem engl. Nachnamen

Tywin Figur aus der Fantasy-Serie *Game of Thrones*

Udo Variante von **Otto**
Ulf skand., von alrdnord. *ulfr*, „Wolf"
Ulric mittelengl. Form des altengl. Namens *Wulfric*, „Wolfskraft"
Ulrich nach dem germ. Namen *Odalrich*, „Reichtum und Macht"
Ulvi türk. „Der Erhabene"
Ulysses lat. Form von Odysseus,
Umberto ital. Form des german. Namens *Humbert*, „leuchtender Krieger"
Unai bask. „Kuhhirte"
Urban lat. „Stadtbewohner"
Uriel hebr. „Gott ist mein Licht"
Urs dt. Form des lat. Namens *Ursus*, „Bär"
Ursinus lat. „kleiner Bär"
Uwe dt. Form des skand. Namens *Ove*, Bedeutung unklar
Utz dt. Kurzform von **Ulrich**

Vadim russ. Kurzform von *Vadimir*, Bedeutung unklar
Valdas lit. Kurzf. von Namen, die mit Wald- beginnen
Valdrin alban. „Welle des Flusses Drin"
Valentin nach dem röm. Beinamen Valentinus, von lat.
valens, „Stärke"
Valentino ital. Form von **Valentin**
Valerian nach dem röm. Beinamen *Valerianus*, dieser
wiederum wurde von **Valerius** hergeleitet
Valerius röm. Familienname, nach lat. *valere* „stark sein"
Valon alban. „die Welle"
Vance nach einem engl. Nachnamen, von altengl. *fenn*,
„Marschland"
Vander moderne Neuschöpfung; vermutl. eine
Zusammenziehung der niederl. Worte „van der"
Vanja / Vanya serb./kroat. Koseform von **Ivan**
Varys Figur in der Fernsehserie *Game of Thrones*
Varo ital. Form von **Varus**
Varro röm. Beiname unbek. Bedeutung
Varus n. e. röm. Familiennamen, lat. „Der Krumme"
Varun / Varuna ind. „umringt"; Name einer hinduist.
Gottheit des Wassers und des himmlischen Ozeans
Vasco Kurzform des bask. Namens Velasco, „Krähe"
Vedad bosn., von arab. „Liebe"
Vedran serb./kroat. „klar, heiter"
Veeti finn. Koseform von **Fredrik** oder **Ferdinand**

Veikko finn. Koseform von **Veli**
Veit dt. Form von Vitus
Veli finn. „Bruder"
Vergil nach einem röm. Familiennamen; Name eines berühmten röm. Schriftstellers
Vernon n. e. normann. Nachnamen, von gall. *vern,* „Erle"
Verus lat. „der Wahre"
Vico ital. Kurzform von Lodovico (**Ludwig**)
Vid slowen./kroat. Form von **Vitus**
Vidal span. Form des lat. Namens *Vitalis,* „der Vitale"
Vidar altnord. „großer Krieger"
Vide schwed. „Weide"
Viggo skand. Name, von altnord. *vig,* „Krieg"
Vikram ind. „Tapferkeit"
Viktor/Victor röm. Name, „der Sieger"
Vilho finn. Kurzform von **Wilhelm**
Vili ung./slowen. Koseform von **Wilhelm** (Willi)
Ville finn./schwed. Kurzform von **Wilhelm**
Villum dän. Variante von **Wilhelm**
Vinay ind. „Unterweisung"
Vince engl. Kurzform von **Vincent**
Vincent/Vinzent/Vinzenz lat. „der Eroberer"
Vinz dt. Kurzform von **Vincent**
Viorel rum. „Glockenblume"
Vishal ind. „großzügig"
Vishnu ind. „der Allumfassende", nach dem gleichnamigen hinduist. Gott
Vitali russ./ukrain. Form des spätlat. Namens *Vitalis,* „der Vitale"
Vitas russ./lett. Variante von **Vitus**
Vitautas nach einem litauischen Volkshelden
Vitek tschech./slowak. Koseform von **Vitus**
Vito ital./span. Form von **Vitus**
Vitus röm. Name, von lat. *vita,* „Leben"
Vlad alte Kurzform von slaw. Namen wie z. B. Vladimir, von *vladeti,* „Gesetz, Regel"
Volker dt. von germ. *fulc* „Volk" und *hari,* „Heer"

Waldemar germ. Variante des slaw. *Vladimir,* „friedlicher Herrscher"

Waldo Kurzform von Namen, die das german. Element *wald,* „Regel" enthalten

Wallace nach einem schott./engl. Nachnamen, „der Waliser" bzw. „der Fremde"

Wallis Variante von **Wallace**

Walter germ. „Anführer der Armee"

Wanja skand./dt. Variante des russ. Namens Vanya, einer Verkleinerungsform von **Ivan**

Warin germ. „Schutz"

Waylon / Wayland engl. Varianten von **Wieland**

Wayne nach einem engl. Nachnamen, „Wagenmacher"

Wendel Kurzform von Wendelin

Wendelin Name eines trierischen Eremiten; von germ. *Wandal,* „Wandale"

Wenzel dt. Variante von **Wendel**

Wesley nach einem engl. Nachnamen

Westin engl. Variante von **Weston**

Weston nach einem engl. Familiennamen „Stadt im Westen"

Wieland Name eines Schmieds aus der germ. Heldensage, von altnord. *Völundr.,* „Kunstwerk"

Wikus afrikaans, Kurzform von *Lodewikus,* von german. *hlud,* „berühmt" und *wig,* „Kampf"

Willard nach einem engl. Nachnamen
Willem niederl. Form von **Wilhelm**
Wilhelm dt. Name, der aus den germ. Elementen *willa*, „Wille" und *helm*, „Helm, Schutz" besteht
Wilke fries. Kurzform von Namen, die mit Wil- beginnen
Wilkin engl, mittelalterliche Kurzform von **William**
Will / Willi / Willy Kurzformen von Namen, die mit Wil- beginnen
William engl. Form von **Wilhelm**
Willis nach einem engl. Nachnamen
Wilson nach einem engl. Nachnamen, „Sohn von William"
Wim niederl. Kurzform von **Willem**
Witold poln. Form von **Vitautas**
Wolf / Wulf dt. Kurzform von Namen, die mit Wolf- bzw. Wulf- beginnen
Wolfgang germ. „Wolfsjäger"
Wotan Name des höchsten Gottes in der nord. Mythologie; andere Form von **Odin**
Wyatt nach einem engl. Nachnamen
Wylie nach einem engl. Nachnamen

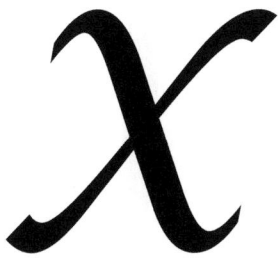

Xander engl. Kurzform von **Alexander**
Xanio / Xanjo moderne Neuschöpfung; Bedeutung
unklar
Xanti bask. Form von **Santiago**
Xaver dt. Form von **Xavier**
Xavi katalan. Koseform von **Xavier**
Xavier bask./port./frz., vom bask. Wort *Etxeberria,* „das
neue Haus", hergeleitet
Xem tuwin. „Fluß"
Xenon griech. „Fremder"
Xerxes nach dem pers. Namen *Khshayarsha,* „Anführer
der Helden"

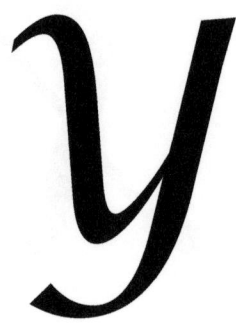

Yael hebr. „Bergziege"
Yago span. Variante von **Jakob**
Yann breton. Form von **Johannes**
Yannik / Yannick / Yannic breton. Verkleinerungsform von **Yann**
Yannis griech. Form von **Johannes**
Yarai jap. „über Nacht"
Yari span., von hebr. „kämpfen"
Yaris Variante von **Joris**, evtl. auch an griech. *Charis*, „Anmut" angelehnt
Yaron hebr. „der vor Freude Singende"
Yasha russ. Kurzform von *Yakov*, der russ. Form von **Jakob**
Yasin / Yassin arab. „Reichtum"
Yerai / Yeray altkanar. „der Große"
Yeshua Variante von **Joshua**
Yoram Kurzform von *Yehoram*, hebr. „von Yahweh erhoben"
Yorick niederl. Variante von Jörg
Yoshi jap.; je nach Schreibart „Viel Glück" oder „rechtschaffen, tugendhaft"
Youri russ. Variante von **Juri / Yuri**
Yudai jap. „tapferer großer Junge"
Yuki jap. Je nach Schreibart „Glück" oder „Schnee"
Yule mittelengl. *yule*, „Weihnachtszeit, Weihnachtstag"

Yunus arab. Form von **Jonas**
Yvain walis. Form von **Eugen**
Yven Variante des germ. Namens **Ivo**
Yves mittelalterl. Form von **Ivo**
Yvon mittelalterl. Kurzform von **Yves**

Zacharias hebr. „Gott erinnert sich"
Zachary engl. Form von Zacharias
Zaccai / Zakai / Zakkai hebr. „rein"
Zack / Zac engl. Kurzform von **Zachary**
Zaid arab. „erhöhen"
Zander engl. Variante von **Xander**
Zanobi mittelalterl. ital. Name, Bedeutung unklar
Zayn arab. „Schönheit, Anmut"
Zazou / Zazu hebr. „Bewegung"
Zeke engl. Kurzform von **Ezechiel**
Zeno / Zenon griech.; abgel. von Zeus
Zephyr kurz für Zephyros, griech. Gott des Westwinds
Zeus Name der obersten Gottheit in der griech. Myth.
Ziad arab. „Wachstum"
Zinedine arab. „Gnade des Glaubens"
Zion Name einer Zitadelle im Zentrum von Jerusalem; jüd. Bezeichnung für das jüdische Heimatland und den Himmel
Zlatan / Zlatko „Der Goldene", von slaw. *zlato*, „gold"
Zoltan / Zoltán ung., vermutl. von türk. *Sultan*, „Herrscher"
Zoran slaw. „Dämmerlicht"
Zsolt alte ung. Form von Zoltán
Zuma südafrik. Nachname; bzw. Kurzform von aztek. Montezuma, „der Herr runzelt die Stirn"